Praxis Sprache 5

Sachsen

Sprechen
Schreiben
Lesen

Arbeitsheft

Herausgegeben von   Wolfgang Menzel

Erarbeitet von   Sabine Haeske
Ute Hirth
Roswitha Radisch
Günter Rudolph

Illustriert von   Konrad Eyferth

westermann

Fördert individuell – passt zum Schulbuch

Optimal für den Einsatz im Unterricht mit
Praxis Sprache: Stärken erkennen, Defizite ausgleichen.
Online-Lernstandsdiagnose und Auswertung auf Basis
der aktuellen Bildungsstandards.
Individuell zusammengestellte Fördermaterialien.

www.westermann.de/diagnose

Liebe Schülerinnen und Schüler,

ihr findet in diesem Arbeitsheft auf vielen Seiten Aufgaben und Materialien
in den Farben Türkis und Rot, unter denen ihr auswählen könnt:

- **Türkise Aufgaben, Texte und Übungsmaterialien**
  sind etwas einfacher und kürzer. Sie geben euch Hilfestellungen,
  die ihr für eure Arbeit nutzen könnt.
- **Rote Aufgaben, Texte und Übungsmaterialien**
  sind etwas schwieriger und umfangreicher.

Inhalt

Über mich und andere: Heimat

- 4 Einen Sachtext mit der 6-Schritt-Lesemethode erschließen
- 7 Eine Sage erschließen
- 9 Eine Heimatsage erschließen und ihre Merkmale nachweisen
- 12 Eine Nacherzählung zu einer Sage überarbeiten
- 14 Eine Sage nacherzählen
- 16 Einen Antwortbrief schreiben

Entdeckungen in Natur und Geschichte

- 18 Einen Sachtext mit der 6-Schritt-Lesemethode erarbeiten
- 19 Zwei Pläne vergleichen
- 20 Eine Verlustanzeige ausfüllen
- 21 Gegenstände beschreiben
- 22 Tiere beschreiben
- 24 Meinen Lieblingsplatz beschreiben
- 25 Einen Text überarbeiten
- 26 Ein Gedicht selbst zusammenstellen
  Erich Kästner: Am 31. Februar
- 27 Ein Gedicht sinngemäß ergänzen
  Josef Guggenmos: Der Mann im Schnee
- 28 Sich in literarische Figuren einfühlen
  Elisabeth Stiemert: Von dem Jungen, vor dem alle Angst hatten

Märchenhaftes und Unglaubliches

- 30 Ein Märchen sinnerfassend lesen
  Brüder Grimm: Die Sterntaler
- 31 Märchen entflechten
  Brüder Grimm: Der süße Brei
  Das grüne Licht
- 32 Märchenbausteine und Märchenfiguren finden
  Brüder Grimm: Die Wassernix
- 33 Ein Märchen zu Ende schreiben
  Brüder Grimm: Die Wichtelmänner
- 34 Den Mittelteil eines Märchens schreiben
  Brüder Grimm: Prinzessin Mäusehaut
- 36 Eine Fantasiegeschichte erzählen

Die Welt der Bücher und Bibliotheken

- 38 Online-Kataloge sinnvoll nutzen

Rechtschreibung und Zeichensetzung

- 39 Woher unsere Familiennamen kommen
- 40 Kurze Vokale – lange Vokale
- 41 Vorsilben und Nachsilben
- 42 Das silbentrennende h und das Dehnungs-h
- 43 Wörter mit h zwischen zwei Vokalen
- 44 Wörter mit Dehnungs-h
- 45 Wörter mit einfachem und doppeltem Konsonanten
- 46 Doppelkonsonanten in Wortfamilien
- 47 Wortfamilien mit tz und ck
- 48 Wörter mit tz – Wörter mit ck
- 49 Wann schreibt man ß und wann ss?
- 50 Übungen zu Wörtern mit ß und ss
- 51 Die Umlaute ä und äu
- 52 Die Großschreibung von Substantiven
- 54 Groß- und Kleinschreibung
- 55 Das Komma bei der Aufzählung von Wörtern
- 56 Die Satzzeichen der wörtlichen Rede
- 58 Signalwörter für die Kommasetzung

Sprache und Sprachgebrauch

- 60 Substantive
- 61 Substantive: die vier Fälle
- 62 Der Gebrauch des bestimmten und unbestimmten Artikels in Texten
- 63 Personal- und Possessivpronomen
- 64 Wozu Verben gebraucht werden
- 65 Verbformen üben
- 66 Präteritum oder Perfekt in einen Text einsetzen
- 67 Adjektive
- 68 Adjektiv-Probe
- 69 Präpositionen
- 70 Dieselbe Präposition – zwei Fälle
- 71 Zusammengesetzte Wörter
- 72 Wörter mit Vorsilben (Präfixen) und Nachsilben (Suffixen)
- 73 Wortfelder
- 74 Satzglieder – Umstellproben
- 75 Adverbiale ermitteln
- 76 Subjekt und Prädikat
- 77 Das Dativ- und das Akkusativobjekt
- 78 Sätze mit Subjekt und Objekten
- 79 Das Attribut

Arbeitstechniken

- 80 Wörter nach dem Alphabet suchen
- 81 Wenn du ein Wort möglichst schnell finden möchtest
- 82 Wenn du nicht sicher bist, wie ein Wort geschrieben wird
- 83 Lernwörter mit e üben
- 84 Fremdwörter üben
- 85 Häufige Fehlerwörter üben
- 86 Aus einem Sachtext Informationen entnehmen
- 87 Sachtexte ordnen

- 88 **Quellen**

→ Einen Sachtext mit der 6-Schritt-Lesemethode erschließen

In Leipzig und Dresden – die weltgrößten 360-Grad-Panoramen

1) _____

In Leipzig und Dresden stellt der Künstler Yadegar Asisi seit 2003 die größten Panoramen der ganzen Welt aus. Ein Panorama ist ein Bild oder ein Foto, das einen weiten Blick über eine sehr große Fläche bietet. Asisis Bilder sind über 100 Meter lang und mehr als 30 Meter hoch, sie sind kreisrund und haben eine Fläche von mehr als 3 000 Quadratmetern. Der Besucher kann sich auf einem Podest in der Mitte des Ausstellungsraumes um sich selbst drehen und hat immer einen Ausschnitt des Bildes vor Augen. Mit dieser Perspektive und einer eingespielten Musik- und Geräuschkulisse werden so einmalige Eindrücke vermittelt.

2) _____

Auf seinem ersten riesengroßen Rundbild in Leipzig zeigte er von 2003 bis 2005 den höchsten Berg der Erde, den 8 848 Meter hohen Mount Everest. Die faszinierenden Aufnahmen davon wurden im Himalaya-Gebirge in ca. 6 000 Meter Höhe gemacht. Daraus setzte der Künstler ein Panoramabild zusammen, das den Eindruck der Grenzenlosigkeit in einem solchen Hochgebirge vermittelt. 450 000 Menschen besuchten seine Ausstellung.

3) _____

Yadegar Asisis zweites erfolgreiches Projekt in Leipzig war ein Riesenrundbild vom prachtvollen alten Rom. Bis Februar 2009 genossen über 650 000 Besucher einen einmaligen Blick über die gesamte antike Stadt im Jahr 312 n. Chr. Die Stadt war auf dem 106 Meter langen und 34 Meter hohen Bild so echt dargestellt, dass man sich wie auf einer Reise in die Vergangenheit fühlte.

4) _____

Seit 2009 begeistert Asisi in Leipzig mit seinem dritten Panoramabild: „AMAZONIEN". Der Künstler entführt die Besucher in die grüne Lebenswelt nahe dem Äquator. Er verzaubert sie mit einem sagenhaften Blick in den Regenwald und einem vieltausendstimmigen Konzert der Tiere.

5) _____

Auch in Dresden gibt es ein Panometer. Seit 2006 kann man dort das Panoramabild „1756 DRESDEN" bewundern. Der Besucher wird mitten in einen sonnigen Augusttag des Jahres 1756 versetzt und kann hautnah einen Tagesablauf miterleben. Mit beginnender Abendstimmung verebben das Stimmengewirr und die Geschäftigkeit.

6) _____

Yadegar Asisi macht seine Bilder, um den Menschen das Begreifen und Verstehen der Welt zu erleichtern. Er will mit seinen Panoramen Menschen zum Staunen und „bewussten" Sehen bringen und die Menschen in andere Zeiten und Welten versetzen.

7) _____

Als Standort für seine gigantischen Bilder wählte sich der Künstler in Leipzig und Dresden zwei alte Gasometer aus. Diese runden Gebäude waren ursprünglich mit Gas gefüllt. Gas benötigten die Menschen im 19. Jahrhundert für das Licht der Straßenlaternen oder – wie teilweise heute noch – zum Kochen und Heizen. Heute wird Gas über Fernleitungen aus anderen Ländern geliefert, deshalb benutzt man die alten Gasometer nicht mehr.

8) _____

Yadegar Asisi mietete die leer stehenden Gasometer und verwandelte sie zu einem „Panometer". Dieser Begriff setzt sich aus *Panorama* und *Gasometer* zusammen. Mit viel Fantasie und Einfallsreichtum machte Asisi aus den alten Gebäuden in Leipzig und Dresden einen Anziehungspunkt für Besucher aus aller Welt.

1 Seit 2003 haben schon mehr als zwei Millionen Menschen Yadegar Asisis Ausstellungen besucht. Markiere im Text mindestens fünf Gründe dafür.

2 Stell dir vor, du könntest eines der Panometer besuchen und hättest die Auswahl zwischen allen vier Bildern. Für welches würdest du dich entscheiden? Begründe kurz deine Auswahl.

_____

_____

_____

_____

Tipp:
Über alle Ausstellungen des Künstlers Yadegar Asisi kannst du dich im Internet näher informieren: www.asisi.de

3 Erschließe dir nun den Text mit der 6-Schritt-Lesemethode. Gehe folgendermaßen vor:

 1. Schritt
Verschaffe dir zunächst einen Überblick darüber, worum es in dem Text ungefähr geht. Dafür musst du ihn zuerst einmal mit den Augen überfliegen.

 2. Schritt
Lies nun die Abschnitte gründlich. Markiere dir dabei Wörter, die du nicht verstehst.

 3. Schritt
Kläre die Wörter, die du nicht verstehst, mit Hilfe eines Wörterbuches oder Lexikons oder mit einem Partner.

4. Schritt
Lies den Text noch einmal und unterstreiche die Schlüsselwörter. Formuliere dann für die Abschnitte eine Zwischenüberschrift und schreibe sie darüber.

5. Schritt
Notiere dir nun zu den Abschnitten die wichtigsten Informationen in Stichwörtern. Dabei helfen dir die unterstrichenen Textstellen.

In Leipzig und Dresden – die weltgrößten 360-Grad-Panoramabilder

1. Abschnitt: _____

2. Abschnitt: _____

3. Abschnitt: _____

4. Abschnitt: _____

5. Abschnitt: _____

6. Abschnitt: _____

7. Abschnitt: _____

8. Abschnitt: _____

6. Schritt
Arbeitet zu zweit. Gebt euch gegenseitig anhand eurer Stichwörter den Inhalt des Textes wieder.

→ Eine Sage erschließen

Der Basilisk[1] in Torgau

Vor vielen Jahrhunderten hauste in einem Brunnen der Stadt Torgau an der Elbe ein schrecklicher Basilisk. Er verpestete mit seinem giftigen Hauch das Wasser aller Brunnen der Stadt. Die Ratsherren setzten eine hohe Belohnung aus für
5 den, der die Stadt von dem Ungeheuer befreien würde.

Endlich meldete sich ein Verbrecher, der in der Stadt gefangen gehalten wurde und zum Tode verurteilt war. Er hatte einmal in einem Zauberbuch gelesen, wie man Basilisken bekämpfen kann. Also schritt er zur Tat.

10 Zunächst behängte er sich mit mehreren Spiegeln, einen nahm er in die Hand und hielt ihn nach unten. Dann ließ er sich eine lange Leiter bringen und stieg in den Brunnen hinab.

Als der Basilisk sein eigenes Bild im Spiegel erblickte, glaubte er, es sei noch ein zweites Ungeheuer im Brunnen.
15 Das ärgerte ihn so sehr, dass er vor Wut platzte. Von diesem Augenblick an war Torgau von dem Übel befreit.

Dem Verbrecher wurde die Todesstrafe erlassen und die Freiheit geschenkt.

Zum Andenken an die böse Zeit, die das Ungeheuer über
20 die Stadt gebracht hatte, ließ man im Keller des Rathauses sein Bild in Stein hauen. Dort ist es noch heute zu sehen.

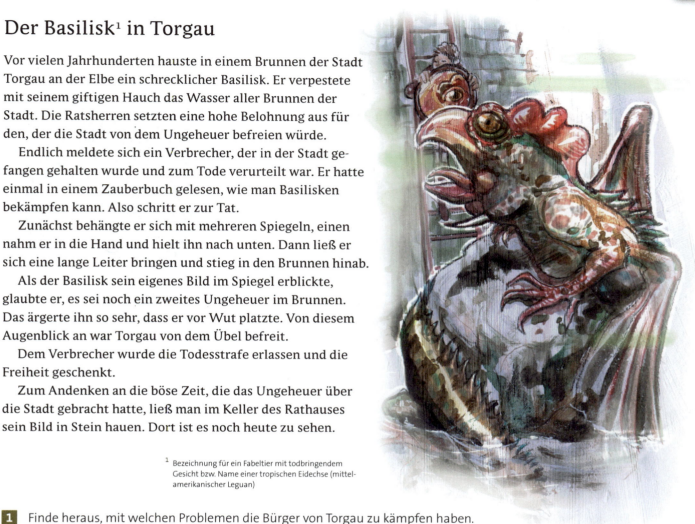

[1] Bezeichnung für ein Fabeltier mit todbringendem Gesicht bzw. Name einer tropischen Eidechse (mittelamerikanischer Leguan)

1 Finde heraus, mit welchen Problemen die Bürger von Torgau zu kämpfen haben.

Ungeheuer mit todbringendem Gesicht
vergiftet das Wasser
es fehlt an Trinkwasser

2 Beschreibe, mit welchem Trick der Basilisk besiegt werden konnte.

- *Verbrecher sorgt dafür, dass der Basilisk in einen Spiegel blickt*
- *Er denkt, sein Spiegelbild sei ein weiteres Ungeheuer.*
- *wird zornig + platzt vor Wut*

Über mich und andere Heimat

3 Wieso erklärt sich gerade ein Verbrecher aus dem Gefängnis bereit, den Basilisken zu bekämpfen?

– Verbrecher hofft, begnadigt zu werden
– Zauberbuch gelesen, wie man Basilisken besiegen kann
– hat nichts zu verlieren

4 Versetze dich in die Lage des Verbrechers. Schreibe auf, was ihm vor dem Kampf gegen den Basilisken durch den Kopf gegangen sein mag.

_____
_____
_____
_____

M — Merkmale von Sagen

Der Begriff **Sage** bedeutet so viel wie Erzähltes oder auch Gesagtes.

Meist handelt es sich um kurze, ursprünglich vom Volk mündlich überlieferte Erzählungen in einfacher Sprache.

Oft liegt Sagen ein wirkliches Geschehen zugrunde. Heimatsagen haben immer einen bestimmten Bezug zu konkreten Orten, Bauwerken oder Ereignissen und Zeiträumen.

Das, was sich die Menschen nicht erklären konnten, wurde fantasievoll ausgeschmückt.

5 Ein Merkmal der Heimatsagen ist, dass sie immer einen bestimmten Bezug zu konkreten Orten, Bauwerken oder Ereignissen und Zeiträumen haben. Das nennt man die Wahrheitshinweise.
Welche Wahrheitshinweise findest du im Text? Es gibt drei. Schreibe sie auf.

_____
_____
_____
_____
_____

6 Sagen enthalten neben den Wahrheitshinweisen auch fantasievolle Ausschmückungen. Damit versuchten die Menschen, Vorgänge zu beschreiben, die sie sich nicht erklären konnten. Suche aus der Sage drei fantasievolle Ausschmückungen heraus und schreibe sie auf.

_____
_____
_____
_____

→ **Eine Heimatsage erschließen und ihre Merkmale nachweisen**

Der große Topf zu Penig

Einstmals stellten die Peniger einen großen Topf her, der 50 Eimer Wein fassen konnte. Wer in dieses Gefäß hineinfiel, musste schon gut schwimmen können, wollte er nicht ertrinken. Dieser Wundertopf wurde auf dem Markt ausgestellt, damit ihn alle
5 sehen und bestaunen konnten, bevor der köstliche Tropfen Wein hineingefüllt wurde.

Auch viele Fremde von nah und fern wurden von diesem Topfe angelockt. Wenn Peniger Stadtkinder auf Wanderschaft in eine fremde Stadt kamen und um Arbeit nachsuchten, wurden sie oft
10 gefragt: „Bist du aus dem Penig, in dem der große Topf steht?"

Eines Tages verlangte auch der Sohn des Kurfürsten[1], ihn zu schauen. Und als er den Topf sah, fiel es ihm ein, hineinzusteigen. Kaum war er aber die Leiter hinabgeklettert und unten angelangt, ließ sein Erzieher, ein Herr von Schönberg, die Leiter
15 herausziehen. Da saß nun der Prinz in seinem dunklen Gefängnis, weit oben sah er nur ein Stück Himmel und ringsum die hohen braunen Wände, die viel zu glatt waren, als dass er hätte hinaufklettern können. Der Herr von Schönberg dachte natürlich, der Prinz würde sich aufs Bitten legen, um aus dem Topf
20 befreit zu werden. Der junge Fürstensohn jedoch besann sich nicht lange, schlug nach kurzer Zeit mit der Faust an die Wand, die bekam ein Loch so groß wie eine Tür, und lachend schritt der Prinz ins Freie.

Nun aber hatte Übermut etwas zerstört, was viele fleißige Hände
25 geschaffen hatten. Um die Töpfer für den Verlust zu entschädigen, erbat sich der Prinz deshalb bei seinem Vater Steuerfreiheit für sie und erhielt diese auch.
Später brannten sich die Peniger nochmals einen solchen Riesentopf, stellten ihn auf dem Topfanger aus und erbauten ein
30 Häuschen darüber. Noch viele Jahre ist er da zu sehen gewesen.

[1] Es gab bis 1806 sieben Kurfürsten in Deutschland. Diese waren an der Wahl des deutschen Königs beteiligt. Zu den Kurfürsten zählte auch der Herzog von Sachsen. Der Titel Kurfürst ist abgeleitet von dem Wort „küren", also wählen.

1 Die Stadt Penig war einst sehr bekannt für ihren Wundertopf. Schreibe die Besonderheit dieses Topfes aus dem Text heraus.

_____

_____

_____

_____

2 Finde im Text eine Erklärung dafür, dass der Erzieher dem Prinzen die Leiter wegnimmt. Schreibe sie mit deinen Worten auf.

_____
_____
_____

3 Versetze dich in die Lage des Prinzen, während er allein in dem finsteren Topf hockt und die Leiter nach draußen verschwunden ist.

Wie sieht es in dem Topf aus?

_____

Wie könnte dem Prinzen zumute sein?

_____

Was könnte ihm durch den Kopf gehen?

_____
_____
_____

4 Im letzten Abschnitt der Sage wird deutlich, dass der junge Prinz die Zerstörung des Topfes bereut.

a) Schreibe mit deinen Worten auf, wie er den Schaden bei den Peniger Bürgern wiedergutmachen will.

_____
_____

b) Schreibe die Textstelle mit Angabe der Zeilen auf, in der das so steht.

_____
_____

c) Schreibe mit deinen Worten auf, wie die Peniger Bürger auf die Entschädigung reagieren.

_____
_____

5 Lies folgenden Text zur Entstehung der Sage.

Im Mittelalter war Penig eine recht bekannte Töpferstadt. Mit diesem Handwerkszweig ist die Sage vom „Großen Topf zu Penig" verbunden.

5 Der Riesentopf wurde einst unter der Anleitung des Meisters Hans Weider von den Peniger Töpfermeistern geformt. Als Weltwunder bestaunt, pilgerten alljährlich zahlreiche Fremde aus allen Rich-
10 tungen nach Penig, um den Topf dort zu bewundern und zu bestaunen.

Um die Zerstörung des Topfes rankt sich eine Sage. Der junge Prinz Friedrich der Weise soll den Topf beschädigt ha-
15 ben, nachdem er in ihn hineingeklettert sein soll.

Die jüngste Nachbildung des Riesentopfes entstand 1995 zum Tag der Sachsen und wurde unmittelbar an der
20 Muldenbrücke aufgestellt.

- Markiere in der Sage auf Seite 9 die Textstellen, die sich auf das wahre Geschehen beziehen.
- Markiere auch den konkreten Ort, auf den sich die Sage bezieht.
- Welcher Teil der Sage ist höchstwahrscheinlich nur eine fantasievolle Ausschmückung? Fasse diesen Teil zusammen.

_____
_____
_____
_____

6 Begründe nun, warum es sich bei der Sage *Der große Topf zu Penig* um eine Heimatsage handelt. Beachte dazu auch den Kasten auf Seite 8.

_____
_____
_____
_____
_____
_____

→ Eine Nacherzählung zu einer Sage überarbeiten

1 Lies dir die folgende Nacherzählung einer Sage zuerst einmal **ohne** die Aufgaben ganz durch. Überarbeite sie danach so, wie es in den Aufgaben 2 bis 7 steht.

Der Binger Mäuseturm

eine Nacherzählung

Im Jahr 974 gab es in Deutschland eine große Hungersnot. Es gab nichts mehr zu essen, und viele Menschen mussten sterben. Das kümmerte den reichen Bischof Hatto in Mainz aber nicht.

2 Die folgenden drei Sätze haben den gleichen Satzanfang. Streiche zwei Satzanfänge durch und überlege dir neue.
Schreibe die überarbeiteten Sätze dann auf.

Bischof Hatto war nämlich habgierig und geizig. Bischof Hatto ließ die Armen einfach verhungern, anstatt ihnen zu helfen. Bischof Hatto hatte aber auch Angst vor den hungernden Menschen.

_____

_____

_____

_____

3 Im folgenden Satz stimmt die Wortstellung nicht. Streiche den Satz durch und schreibe ihn dann richtig auf.

Er fürchtete, dass sie seine Kornspeicher plündern und Schätze könnten.

_____

_____

Darum wollte er die Armen loswerden. Dazu hatte er sich einen hinterlistigen Plan ausgedacht. Seine Leute erzählten überall in Mainz, dass Hatto jetzt doch noch Brot und Korn verteilen würde.

4 Hier steht eine umgangssprachliche Formulierung, die nicht in eine Nacherzählung gehört. Streiche sie durch und schreibe eine bessere Formulierung auf.

Alle Hungernden sollten zu einer großen Scheune vor der Stadt kommen, um ~~was zwischen die Backen zu kriegen~~.

_____

_____

5 In den nächsten drei Sätzen stehen fünf Verben in der falschen Zeitform. Streiche sie durch und schreibe die drei Sätze dann im Präteritum auf.

Die Menschen freuen sich und kommen in Scharen zu der Scheune. Aber als alle in der Scheune sind, lässt Hatto das Tor verriegeln. Dann zünden seine Soldaten die Scheune an.

_____

_____

_____

_____

_____

6 Setze in den beiden folgenden Abschnitten die Zeichen der wörtlichen Rede ein.

Als die eingesperrten Menschen das Feuer sahen, bekamen sie Angst und schrien um Hilfe. Doch der böse Bischof lachte nur. Hört doch, wie die Mäuse in der Scheune pfeifen , rief er, das geschieht ihnen nur recht!
Da empörte sich Gott über den Bischof. Zur Strafe schickte er ihm eine Mäuseplage ins Haus. Schafft mir die Mäuse vom Hals! , schrie Hatto seine Diener an, als er die Mäuse sah. Aber es half nichts. Tag und Nacht huschten jetzt Tausende Mäuse durch Hattos Haus und fraßen alle seine Vorräte auf. Das hielt der Bischof nicht lange aus. Auf einer Insel im Rhein ließ er sich einen Turm bauen.

7 Im nächsten Textabschnitt fehlen vier Kommas. Füge sie ein.

Er glaubte dass er dort vor den Mäusen sicher wäre aber da hatte er sich gründlich geirrt. Denn nachts schwammen die Mäuse auf die Insel wo sie den hartherzigen Bischof bei lebendigem Leib auffraßen. Die Bingener Bürger aber waren froh dass sie den bösen Bischof endlich los waren.

→ Eine Sage nacherzählen

Auf dem Foto seht ihr acht Steine. Sie stehen in Benthe. Das ist ein Dorf am Stadtrand von Hannover. Obwohl es acht Steine sind, heißen sie im Volksmund **„Die sieben Trappen"**, was so viel heißt wie „Die sieben Schritte". Vor vielen Hundert Jahren befand sich an dieser Stelle ein Platz, auf dem öffentlich Gericht gehalten wurde. Um den Platz herum standen die acht Steine. Das waren damals Mahnsteine, die den Angeklagten ermahnen sollten, die Wahrheit zu sagen. Irgendwann wurde auf dem Platz aber nicht mehr Gericht gehalten, und die Bedeutung der Steine geriet in Vergessenheit. Da die Menschen nun nichts mehr von dem alten Gerichtsplatz wussten, versuchten sie, die geheimnisvollen Steine durch eine Sage zu erklären.

1 Lies dir die Sage von den sieben Trappen zuerst einmal aufmerksam durch.

Die sieben Trappen

Ein Bauer ging einmal mit seinem Knecht durch die Felder. Sie unterhielten sich prächtig über das Getreide, die Gemüseernte und über das Vieh. Als sie an die Stelle kamen, wo jetzt die sieben Steine stehen, fiel dem Knecht plötzlich ein, dass er von dem Bauern noch einen Teil seines Lohns zu bekommen hatte. Er dachte, die Ge-
5 legenheit sei günstig, und so fragte er: „Herr, wann bekomme ich eigentlich den Rest meines Lohnes? Ihr habt ihn mir schon vor einiger Zeit versprochen. Das Geld aber habe ich immer noch nicht."

B Der betrügerische Bauer aber tat so, als könnte er sich daran überhaupt nicht mehr erinnern. Ja, er behauptete sogar, dem Knecht sein Geld längst gegeben zu haben. Doch der Knecht ließ sich nicht in die Irre führen und blieb bei seiner Behauptung. Noch einmal forderte er sein wohlverdientes Geld. Da wurde der Bauer zornig und rief: „Was redest du da? Deinen Lohn habe ich dir längst gezahlt! Und wenn das nicht die reine Wahrheit ist, dann soll mich beim siebten Schritt der Teufel holen!" Der Knecht aber hatte es mit der Angst zu tun bekommen und schwieg. Doch als der verlogene Bauer gerade den siebten Schritt gemacht hatte, da war ein fürchterliches Donnern und Krachen zu hören. Plötzlich öffnete sich die Erde unter dem Bauern und verschlang den Betrüger vor den Augen seines Knechts.

C Damit dieses Ereignis nicht in Vergessenheit geriet und auch zur Mahnung für alle Betrüger, stellten die Bürger von Benthe die sieben Steine auf. Darum wird dieser Platz **Die sieben Trappen** genannt. Und selbst heute noch behaupten die Menschen in Benthe, dass es nachts bei den Trappen spuken würde. In der Dämmerung oder gar in der Nacht will bis heute niemand dort vorbeigehen.

2 Lies die Sage jetzt noch **ein zweites Mal**, damit du sie nachher gut nacherzählen kannst.

3 Du sollst die folgende Nacherzählung zu der Sage „Die sieben Trappen" vervollständigen. Der Anfang und das Ende der Nacherzählung sind schon fertig. Der Mittelteil fehlt aber noch. Den sollst du selbst schreiben. Nimm dir dazu ein extra Blatt.
Schreibe also **Abschnitt B** der Sage so auf, wie **du** ihn erzählen würdest.

Die folgende **Checkliste** kann dir beim Nacherzählen eine Hilfe sein:

CHECKLISTE: NACHERZÄHLUNG

Beim schriftlichen Nacherzählen geht es darum, eine Geschichte in eigenen Worten noch einmal zu erzählen und aufzuschreiben. Beachte dabei die folgenden Tipps:
- ✓ Lies dir die Sage mindestens zweimal aufmerksam durch.
- ✓ Schließe beim Schreiben das Arbeitsheft oder decke die Sage mit einem Blatt ab.
Schau nur noch in den Originaltext, wenn du nicht mehr weiterweißt.
- ✓ Erzähle die Handlung der Sage in der **richtigen Reihenfolge**.
- ✓ Schreibe deine Nacherzählung hauptsächlich **im Präteritum**.
- ✓ Verwende hin und wieder **wörtliche Rede** und **Gedankenrede**.
Schreibe also auf, was die Figuren denken oder sagen.
- ✓ Denke daran, deine Nacherzählung am Ende zu **überarbeiten**.
Schreibe deinen Textentwurf dazu in die linke Spalte eines längs gefalteten DIN-A4-Blattes. In der freien rechten Spalte kannst du dann später deine Verbesserungsvorschläge notieren.

Nacherzählung: Die sieben Trappen

Der Anfang der Sage:
Einmal ging ein Bauer mit seinem Knecht durch die Felder. Sie sprachen über alles Mögliche: über das Vieh und über die Ernte. Während sie sich unterhielten, fiel dem Knecht plötzlich etwas ein. Er hatte nämlich noch immer nicht seinen ganzen Lohn von dem Bauern bekommen. Weil der Bauer gut gelaunt war, dachte der Knecht, es wäre gut, ihn jetzt gleich zu fragen. „Wann bekomme ich eigentlich den restlichen Lohn?", fragte er den Bauern ganz freundlich. „Ich warte doch schon so lange auf mein Geld."

Das Ende der Sage:
Die Benthener Bürger wollten, dass niemand vergisst, was mit dem betrügerischen Bauern passiert ist. Darum haben sie genau an jener Stelle sieben Steine aufgestellt. Den Ort haben sie „Die sieben Trappen" genannt. Da soll es aber wirklich spuken. Nachts geht da jedenfalls keiner freiwillig vorbei.

Einen Antwortbrief schreiben

Über mich und andere Heimat

Die Klasse 5b hat die Zusage für die Durchführung einer Lesenacht erhalten. Für die genaue Planung müssen sie aber noch einige Fragen der Leiterin der Bibliothek beantworten. Darum haben Lisa, Ulli, Curt und Sebastian am Computer einen Antwortbrief aufgesetzt, der beim Abspeichern durcheinandergeraten ist.

1 Lies die Textteile zunächst aufmerksam.

Randangaben
Absender
Anschrift des Empfängers/Adressaten
Betreffzeile
Anrede,
Dank für den erhaltenen Brief
Freude über die Zusage
Beantwortung der gestellten Frage in der richtigen Reihenfolge
selbst noch wichtige offene Fragen stellen
sich für die Hilfe bedanken
Grußzeile
Unterschrift

Textteile:

- Lesenacht der Klasse 5b

- Viele Grüße senden Ihnen im Namen der Klasse

- Lisa, Ulli, Curt und Sebastian

- Unsere Lesenacht soll unter dem Motto „Märchenhaftes und Unglaubliches" stehen. Dafür wollen wir in Gruppen aus unseren Lieblingsbüchern die schönsten Geschichten vorstellen und nach neuen Geschichten in der Bibliothek stöbern. Wenn dann die Uhr zur Geisterstunde schlägt, dürfen die unglaublichsten Geschichten aus jeder Gruppe auf spannende Art und Weise vorgetragen werden. Dazu brauchen wir für Hintergrundmusik oder spezielle Geräusche noch mindestens einen CD-Player. Gibt es überhaupt einen CD-Player in der Bibliothek?

- Klasse 5b
  Erich-Viehweg-Mittelschule
  Altenhainer Str. 34
  09669 Frankenberg

- vielen Dank für Ihren Brief. Wir freuen uns wirklich sehr über Ihre Zusage für unsere Lesenacht!
  Nun möchten wir zuerst einmal Ihre Frage beantworten, welche Ideen wir für den Ablauf unserer Lesenacht bereits haben. Also, wir stellen uns das so vor:

- Zum Schluss haben wir noch eine wichtige Frage: Bis wann müssen wir die Bibliothek verlassen haben?
  Für Ihre Unterstützung möchten wir uns schon jetzt ganz herzlich bedanken.

- Stadtbibliothek Frankenberg
  Frau Helk
  August-Bebel-Straße 1a
  09669 Frankenberg/Sa.

- Sehr geehrte Frau Helk,

- 13.4.20..

2 Ordne nun die Textteile mit Hilfe des Briefrasters (siehe rechts am Rand), indem du sie in der richtigen Reihenfolge nummerierst.

3 Schreibe jetzt die geordneten Briefteile als vollständigen Antwortbrief auf.

(Datum)

→ Einen Sachtext mit Hilfe der 6-Schritt-Lesemethode erarbeiten

Die letzten Drachen

Auf der indonesischen Insel Komodo leben die letzten „Drachen" – die seltenen Komodowarane. Diese Riesenechse, die mit unseren Eidechsen verwandt ist, kann über drei Meter lang werden. Mit leerem Magen wiegt sie 50 kg, in vollgefressenem Zustand bringt sie über 100 kg auf die Waage. Ein Komodowaran hat einen graubraunen bis olivgrünen Körper, einen langen, dicken Schwanz und sehr spitze Zähne.

Insel Komodo

Der Komodowaran ernährt sich von kleinen Säugern und Vögeln, aber auch von großen Tieren wie Wildschweinen, Hirschen und sogar Wasserbüffeln. Dabei mag er Aas lieber als frisches Fleisch. Selten tötet und frisst er seine Beute sofort. Vielmehr lauert er ihr an Wildwechseln auf und versucht, sie zu beißen. Gelingt ihm das, ist es egal, ob sein Opfer danach fortläuft. Denn im Speichel des Warans sind so viele Bakterien enthalten, dass sein Biss giftig ist. Das gebissene Tier stirbt wenig später. Mit Hilfe seiner Zunge, mit der er über eine Entfernung von bis zu 1,6 km Aasgeruch wittern kann, findet der Waran sein verendetes Opfer wieder und kann es nun fressen.

Die Weibchen dieser Echsenart legen im Sommer etwa 20 Eier, die sie in der Erde vergraben. Wenn die Jungen schlüpfen, sind sie 40 cm lang. Von Anfang an müssen sie sich selbst versorgen. Die ersten fünf bis sieben Lebensjahre verbringen die jungen Warane auf Bäumen, weil sie dort sicherer vor Feinden sind. Erst mit der Geschlechtsreife und einer Länge von ungefähr 1,50 Meter gesellen sie sich zu ihren erwachsenen Artgenossen am Boden.

1 Erarbeite dir diesen Text mit der **6-Schritt-Lesemethode**. Gehe folgendermaßen vor:

1. Schritt: Verschaffe dir zunächst einen Überblick darüber, worum es in dem Text ungefähr geht. Dafür musst du ihn einmal mit den Augen überfliegen, ohne ihn genau zu lesen.

2. Schritt: Lies nun jeden Absatz gründlich. Unterkringele dabei Wörter, die du nicht verstehst. Markiere oder unterstreiche Stellen, die du dir merken möchtest.

3. Schritt: Kläre Wörter, die du nicht verstehst, mit Hilfe eines Wörterbuches (Fremdwörter) oder mit einem Partner.

4. Schritt: Formuliere für jeden der drei Absätze eine Zwischenüberschrift und schreibe sie darüber.

5. Schritt: Notiere dir nun zu jedem Absatz die wichtigsten Informationen in Stichwörtern. Dabei helfen dir bestimmt die Stellen, die du beim gründlichen Lesen markiert oder unterstrichen hast (2. Schritt).

6. Schritt: Decke nun den Text zu und gib ihn mit eigenen Worten wieder. Nutze dazu deine Stichwörter.

→ Zwei Pläne vergleichen

Was Sevim nächste Woche vorhat:

	Montag	Dienstag	Mittwoch	Donnerstag	Freitag
14.00				Schwimmen	
15.00	Hausaufgaben	Hausaufgaben	Hausaufgaben	Hausaufgaben	
16.00	Voltigieren				
17.00				Ballett	
18.00	Basketball	Theatergruppe			Basketball

Was Felix nächste Woche vorhat:

	Montag	Dienstag	Mittwoch	Donnerstag	Freitag
14.00	Nachhilfe	Hausaufgaben	Hausaufgaben	Hausaufgaben	
15.00		Judo		Judo	
16.00				Posaunenchor	
17.00	Fußball		Fußball		
18.00		Theatergruppe			

Sevim möchte sich nächste Woche einmal mit Felix treffen, um mit ihm gemeinsam zum Unterrichtsprojekt über Wale eine Schautafel zusammenzustellen.
Sie ruft ihn am Sonntag an und fragt: „Wann können wir denn in der nächsten Woche einmal an unserem Projekt über Wale arbeiten? Wir brauchen ja nur ungefähr zwei Stunden dafür. Ich habe so tolle Ideen! Am Freitag könnte ich am besten."
Felix antwortet: „Da muss ich mal in den Kalender gucken. Ja, am Freitag, da kann ich auch. Aber warte mal! Nein, das geht doch nicht! Da kommt ja mein Opa zu Besuch. Aber vielleicht morgen?"
„Tut mir leid", sagt Sevim. „Da muss ich zum Voltigieren."

1 Wann haben Sevim und Felix denn eigentlich Zeit, um für zwei Stunden an ihrem Projekt zu arbeiten? Lies den Text genau durch.
Vergleiche dann die Pläne. Überlege, wie lange sie immer für eine Sache brauchen, die in ihren Plänen steht. Schreibe dann auf:
Am ... von ... bis ungefähr ... Uhr könnten sich Sevim und Felix treffen.

→ Eine Verlustanzeige ausfüllen

1 Stell dir vor, bei einem Stadtbummel hast du etwas verloren, was dir lieb und wichtig ist: Handy, Armband, MP3-Player, Sonnenbrille, Handtasche, Fotoapparat ... Im Internet gibst du deshalb beim städtischen Fundbüro eine Verlustanzeige auf. Fülle das Formular aus.

Verlustanzeige

Daten zur Person:

Anrede *(z. B. Frau)* _____

Vorname *(z. B. Sabine)* _____

Nachname *(z. B. Mustermann)* _____

Straße und Hausnummer *(z. B. Musterallee 7a)* _____ _____

Postleitzahl und Ort *(z. B. 12345 Musterstadt)* _____ _____

Telefon, Vorwahl und Rufnummer *(z. B. 01234-50001)* _____ – _____

E-Mail *(z. B. sabine@mustermann.de)* _____

Wann und wo wurde der Gegenstand verloren?

Ich habe **am** *(z. B. 10.08.2010)*   ☐☐ . ☐☐ . ☐☐☐☐

um *(z. B. 12:30)*   ☐☐ : ☐☐ Uhr

in *(z. B. Musterstadt, Stadtpark)* _____

den nachfolgend **beschriebenen Gegenstand** verloren.

Wert des Gegenstandes *(z. B. 25 €)* _____ €

Kurzbezeichnung *(z. B. Portemonnaie)* _____

Genaue Beschreibung, besondere Merkmale:
(z. B.: rotes Leder-Portemonnaie mit Reißverschluss; Inhalt: etwa 10,- €, Hundefotos, Schülerausweis)

_____

_____

Wahrscheinlich habe ich den Gegenstand **auf folgende Weise verloren**: *(z. B. beim Spaziergang)*

_____

→ Gegenstände beschreiben

Gegenstandsbeschreibung

Beim Beschreiben von Gegenständen beachte Folgendes:
Nenne die genaue **Bezeichnung** des Gegenstands.
Beschreibe dann **Form**, **Größe**, **Farbe**, **Material** und **Einzelteile**.

Wichtig sind auch **besondere Merkmale**, durch die sich der Gegenstand von anderen unterscheidet.

Verwende **Fachwörter**. Wähle treffende **Verben** und **Adjektive**.
Schreibe im **Präsens**.

1 „Emma" und „Wölfi" sind die Maskottchen (Glücksbringer) vom BVB Dortmund und vom VfL Wolfsburg. Betrachte die beiden Abbildungen genau und mache dir Notizen:

	„Emma"	„Wölfi"
	Stofftier „Emma"	
Bezeichnung:	Biene	
Form und Größe:	ca. 35 cm	ca. 22 cm
Material und Farben:		dunkel- und hellbrauner Plüsch
Kleidung:		
besondere Merkmale:		

2 Wähle ein Maskottchen aus und beschreibe es in einem zusammenhängenden Text.
Ich beschreibe das Maskottchen des … Es heißt … und ist ein …
Das Stofftier ist etwa … cm groß und besteht aus …

→ Tiere beschreiben

1 Lies den Informationstext über die Meisen und sieh dir die Vögel auf der Abbildung genau an.

Meisen

Meisen sind sehr lebhafte und anpassungsfähige Kleinvögel. Sie sind gedrungen und haben kräftige, kurze Schnäbel. Sie können gut klettern und suchen sich ihre Nahrung, Insekten und Sämereien, vor allem in Sträuchern und Bäumen. Sie zählen zu den Höhlenbrütern.

5   Bei uns in Deutschland leben viele unterschiedliche Meisenarten. Hauben- und Tannenmeisen lieben Nadelgehölze, während Kohl-, Blau- und Schwanzmeisen Mischwälder bevorzugen. Sie leben häufig in unseren Gärten und Parks und lassen sich gern von den Menschen füttern.

Haubenmeise

Tannenmeise

Blaumeise

Kohlmeise

Schwanzmeise

2 Hier sind drei Kurzbeschreibungen zu den abgebildeten Meisenarten. Ordne sie den Bildern zu und schreibe die richtige Bezeichnung auf.

Meisenart	Größe	Aussehen und besondere Merkmale
1) _____	ca. 11,5 cm	weiße Unterseite, bräunliche Flügel, schwarzer Halsring, große schwarz-weiß gesprenkelte Kopfhaube

Meisenart	Größe	Aussehen und besondere Merkmale
2) _____	ca. 14 cm	gelbe Unterseite, blaue Kappe, Flügel und Schwanz kobaltblau, schwarzer Augenstrich
3) _____	ca. 14 cm	langer Schwanz, weißer Kopf (auch mit schwarzen Augenstreifen), helle Unterseite, schwach rotbraun gefärbt

3 Zwei Meisenarten fehlen noch. Beschreibe sie nun ebenfalls stichwortartig. Nutze dazu die folgende Materialsammlung:

gelb	*weiß*	*hell*	**Kopf**	**Wangen**	**Unterseite**	**Flügel**
schwarz	*kobaltblau*	*bräunlich*	**Kappe**	**Hals, Halsring**	**Bauchstreif(-en)**	**Schwanz**

Meisenart	Größe	Aussehen und besondere Merkmale
4) _____	ca. 14 cm	_____
5) _____	ca. 11,5 cm	_____

4 Beschreibe eine der abgebildeten Meisen in einem zusammenhängenden Text. Nutze dazu auch den Informationstext auf Seite 22 oben. Du könntest so beginnen:

> **Die Kohlmeise**
>
> *Die Kohlmeise ist ein lebhafter Kleinvogel mit einem … Sie wird etwa 14 cm groß …*

Meinen Lieblingsplatz beschreiben

Mein Wunschlieblingsplatz

Ich habe leider keinen Lieblingsplatz. Aber ich war einmal bei meiner Tante auf ihrem alten Segelschiff im Museumshafen, dort hat es mir gut gefallen. Wenn ich mir einen Lieblingsplatz wünschen könnte, dann wäre er dort auf dem Schiff. Ich stelle mir das so vor:

Ich bin unten in der Koje und liege in der Hängematte. Ich schaue aus dem _____ Bullauge auf das _____ Wasser im Hafen. Da sehe ich dann die anderen _____ Museumsschiffe. Manchmal kommt auch ein _____ Schiff vorbei, mit dem die Leute einen Ausflug machen. Sie stehen oben an Deck und winken den Menschen an der Hafenmauer zu. Wenn so ein Schiff _____ an meinem Bullauge vorbeifährt, brummt und rumpelt es, und die Wellen poltern an die Schiffswand. Mein _____ Kahn fängt dann an zu zittern und die Hängematte schaukelt hin und her. Gut, hier unten ist so ein _____ Geruch. Der kommt daher, dass das alte Schiff etwas _____ riecht. Aber ich mag diesen Geruch. Und es stört mich auch nicht, wenn ich manchmal die _____ Maus sehe, die unter mir über den Boden huscht. Es ist meine Schiffsmaus.

1 Setze in die Lücken **Adjektive** ein, die den Text anschaulicher machen. Hier findest du eine Auswahl:
klein modern rund nah komisch braun still modrig alt grau schmutzig weiß morsch

2 Füge im zweiten Teil des Textes folgende **Verben** an den passenden Stellen ein.
*liegen schaukeln schwappen hören ziehen dümpeln
lachen losfahren besichtigen segeln träumen knarren*

Meistens _____ ich in der Hängematte. Ich _____ an dem Seil, das von der Decke hängt, und _____ damit. Dann _____ das Holz.

Das Wasser _____ an die Schiffswand. Und draußen an der Hafenmauer _____ ich die Kinder _____ , wenn sie die Museumswerft besuchen.

Manchmal _____ ich, dass ich mit dem Schiff _____ – bis nach Dänemark hinüber. Aber das geht leider nicht, denn das Schiff _____ nur noch im Hafen, damit es die Leute _____ können. Man kann damit schon lange nicht mehr _____ . Aber träumen darf man ja.

→ Einen Text überarbeiten

Mein Lieblingsplatz

Vor unserer Flurtür ~~ist~~ eine Treppe, die geht zum Hinterhof runter, und unter der Treppe ist ein Hohlraum. Auf der hinteren Seite ist eine Mauer, auf der vorderen Seite ist der Raum offen. Dort
5 haben Joschi und ich uns manchmal versteckt. Aber jetzt ist dort unser Lieblingsplatz. Wir haben ihn nämlich **super** eingerichtet und treffen uns manchmal dort.

Jetzt ist ein alter Teppich auf dem Boden. An der
10 hinteren Wand ist eine Gardine, die meine Mutter **wegschmeißen** wollte. Vor dem Eingang ist eine Zeltplane, die können wir auf- und zuziehen. Mittendrin ist ein uralter Sessel, den wir vom Sperrmüll geholt haben. Sogar ein kleiner Tisch ist da.
15 Darauf ist eine Kerze. Die zünden wir manchmal an. Das ist **echt** gemütlich. Manchmal hören wir Musik aus dem alten Radio oder **quasseln** miteinander.

Wenn ich alleine bin, gehe ich auch manchmal
20 dorthin. Ich lasse die Zeltplane vor dem Eingang nur einen kleinen Spalt offen und sehe hinaus in den Hinterhof. Ich sehe die Leute. Dann höre ich manchmal, über wen sie so **quatschen**. Und keiner weiß, dass ich sie sehe, weil sie mich nicht sehen
25 können. Ja, dieser Platz ist toll. Ich finde ihn **super**.

befindet sich

1 In diesem Text werden einige Wörter zu oft wiederholt: *ist, manchmal, sehen.* Unterstreiche diese Wörter oder markiere sie; dann siehst du, wie oft sie vorkommen.

2 An einigen Stellen solltest du diese Wörter gegen andere austauschen, die genauer sagen, was gemeint ist. Streiche im Text die Wörter durch, die du ersetzen möchtest, und schreibe andere an den Rand. Manche von ihnen kannst du natürlich stehen lassen.

3 An sechs Stellen findest du im Text Ausdrücke markiert, die eher umgangssprachlich sind.
Für diese Ausdrücke kannst du Wörter am Rand notieren, die besser passen, zum Beispiel:

ist:	manchmal:	sehen:
befindet sich	ab und zu	gucken
gibt es	öfter	schauen
haben wir	oft	beobachten
liegt	hin und wieder	belauschen
hängt	von Zeit zu Zeit	erkennen …
haben aufgehängt	gelegentlich	
steht …	dann und wann …	

reden	sehr schön
sprechen	wunderbar
wegwerfen	herrlich
gut	merkwürdige Dinge
sehr	

→ Ein Gedicht selbst zusammenstellen

1 Vervollständige das folgende Gedicht mit den passenden Versen.
Wenn du auf Paarreime achtest, wird dir die Zuordnung leichter fallen!

Am 31. Februar

Erich Kästner

Am einunddreißigsten Februar

wird schwarze Tinte   wie Wasser klar,

die Schnecken gewinnen   gegen die Hasen

beim Wettlauf   auf dem Stadionrasen,

aus Mauselöchern   kommen Elefanten,

zur Schule gehen   statt der Kinder die Tanten,

und Stühle gehen   spazieren,

neben dem Zebrastreifen   auf allen vieren

ein Bus sagt   auf dem Gemüsemarkt

zu zwei Polizisten: „Hier wird nicht geparkt!"

Verkehrsschilder suchen sich   ein Versteck,

im Supermarkt laufen   die Kassen weg,

das Rathaus bekommt   einen Nasenstüber,

es geht eben alles   drunter und drüber –

denn faustdicke Lügen   werden wahr

am einunddreißigsten Februar.

---

kommen Elefanten,   ein Versteck,   auf allen vieren   gegen die Hasen   die Kassen weg,   drunter und drüber –   auf dem Stadionrasen,   einen Nasenstüber,   statt der Kinder die Tanten,   werden wahr   „Hier wird nicht geparkt!"   spazieren,   auf dem Gemüsemarkt   wie Wasser klar,

Ein Gedicht sinngemäß ergänzen

Der Mann im Schnee

Josef Guggenmos

Winter ist es. Draußen _____   *sitzt, geht, steht*

einer, der nicht weitergeht.

Verlassen steht er dort im Schnee,

der dicke Mann. Geh zu ihm, los _____,   *geh, mach schon*

und sprich mit ihm! Sag: „Guten _____!   *Tag, Abend, Morgen*

Wie geht es Ihnen?" Oder frag:

„Wie spät ist es? Wo sind Sie her?

Wie heißen Sie? Liegt Bonn am _____?   *Rhein, Strand, Meer*

Wie viel ist drei mal drei und _____?   *acht, sechs, vier*

Was ist der Kürbis für ein _____?"   *Tier, Ding, Mensch*

Stelle ihm noch tausend Fragen –

Keine Antwort wird er _____.   *geben, nennen, sagen*

Er bleibt _____.   *ruhig, still, stumm*

Nimm's nicht krumm.

Er weiß nicht einmal, wie's ihm geht,

der weiße Mann, der draußen _____.   *sitzt, steht, geht*

1 Ergänze dieses Gedicht sinngemäß, indem du aus den Wörtern am Rand immer das passende auswählst.
Schreibe deine ausgewählten Wörter auf. Tipp: Der Reim des Gedichtes kann dich sicher auf die richtige Spur bringen!

2 Lies deinen Text nun einmal halblaut vor dich hin.
- Bist du von deiner Auswahl überzeugt?
- Ist inhaltlich alles stimmig?

3 Überprüfe dein Ergebnis zum Schluss auch anhand des Originalgedichtes von Josef Guggenmos im Lösungsteil.

→ Sich in literarische Figuren einfühlen

Elisabeth Stiemert

In der Talstraße wohnte ein Junge, vor dem alle Angst hatten. Der Junge wohnte hier noch nicht lange. Er war größer als die anderen Kinder, und er saß auf der Treppe vor seinem Haus einfach so da.

Jeden Tag saß der Junge da auf der Treppe, und er machte meistens ein böses Gesicht. Sonst machte er nichts.

Manchmal spuckte er allerdings, aber nur auf die Straße. Manchmal pfiff er auch laut. Er steckte zwei Finger in seinen Mund und pfiff dann wirklich ganz laut. Manchmal boxte er auch in die Luft. Mit zwei Fäusten boxte er vor sich hin, als ob jemand da wäre, den er so boxte. Aber er saß immer auf der Treppe dabei.

Trotzdem hatten die anderen Angst.

Wenn die Kinder aus der Talstraße einkaufen mussten, gingen sie nicht an dem Jungen vorbei. Sie gingen hinüber auf die andere Seite der Straße. Und wenn der Junge zu ihnen hinsah, liefen sie schneller. Manche glaubten, er hätte ein Messer. Manche glaubten auch, er nähme ihnen das Geld, das sie zum Einkaufen brauchten. Und Spielsachen machte er sicher kaputt. Ein Junge, der immer so böse guckte, machte sicherlich alles kaputt. Und bestimmt haute er kleinere Kinder.

1 Über den Jungen aus der Talstraße erfährst du verschiedene Einzelheiten. Notiere dir dazu Stichwörter.

Junge aus der Talstraße

wohnt noch nicht lange in der Talstraße

2 Versuche einmal, mit deinen Worten zu erklären, weshalb die anderen Kinder Angst vor dem Jungen haben. Lies dazu die Zeilen 13–16 noch einmal aufmerksam.

3 Was denkst du: Ist die Angst der Kinder berechtigt? Schau noch einmal auf deine Stichwörter aus Aufgabe 1 und begründe deine Meinung.

Und so geht die Geschichte weiter:

Einmal kam ein Kind zu Besuch in die Talstraße, und nach dem Kaffeetrinken kam das Kind heraus. Es hatte seinen Ball mitgebracht und wollte sehr gern spielen. Das Kind ging mit dem Ball zu dem Jungen. Es wusste ja nicht, dass die anderen vor
20 ihm Angst hatten.

„Wollen wir spielen?", fragte das Kind den Jungen. Der Junge guckte erstaunt. Dann stand er auf von der Treppe und lachte.

„Los", sagte der Junge, „wir spielen Torschießen!"

Die anderen Kinder aus der Talstraße sahen sich an, wie der Junge mit dem fremden
25 Kind spielte. Sie standen weit weg.

Aber sie sahen, dass der Junge auch lachte.

Vielleicht hat der Junge kein Messer, dachten sie jetzt. Vielleicht nimmt er kein Geld weg. Vielleicht macht er auch gar nichts kaputt, und sicherlich haut der Junge auch keinen.
30 Morgen wollten sie ihn fragen ...

4 Weshalb hat das Besucher-Kind **keine** Angst vor dem Jungen? Suche die entsprechende Textstelle und markiere sie.

5 Was könnten die anderen Kinder den Jungen morgen fragen?

_____

_____

6 Welche Frage würdest **du** dem Jungen gern einmal stellen?

_____

_____

7 Gib der Geschichte eine Überschrift, die neugierig macht, aber noch nicht alles verrät.

8 Du kannst diese Geschichte auch einmal aus der **Ich-Perspektive** erzählen.
Wähle von den beiden Möglichkeiten eine aus und schreibe die Geschichte auf. Die Textanfänge kannst du nutzen.

Der Junge erzählt:
Manchmal hatte ich Langeweile. Das kam daher, weil ich noch keine Freunde in der Talstraße gefunden hatte. Also setzte ich mich ...

Ein Mädchen / ein Junge erzählt:
Vor ein paar Wochen ist ein Junge zu uns in die Talstraße gezogen. Mit dem Jungen war das so: ...

9 Hier sind einige Behauptungen über die Kinder aus der Talstraße. Welche von ihnen sind richtig? Es sind drei.

a) Die anderen Kinder haben Angst, weil der Junge ein Messer hat.
b) Sie haben Angst, weil er ein böses Gesicht macht.
c) Sie fürchten sich vor ihm, weil er ständig andere Kinder boxt.
d) Sie fürchten sich vor ihm, weil er alles kaputt macht.
e) Sie haben Angst, weil sie glauben, dass er ihnen Geld wegnimmt.
f) Sie vermuten, dass der Junge kleine Kinder haut.

→ Ein Märchen sinnerfassend lesen

1 Die Wörter des folgenden Märchens sind an den unmöglichsten Stellen getrennt worden. Du kannst das Märchen trotzdem lesen und verstehen! Gehe dabei am besten satzweise vor:
- Nimm dir einen Bleistift. Markiere mit einem senkrechten Strich die Stellen, an denen ein neues Wort beginnt.
- Lies nun den Satz noch einmal und erfasse seine Bedeutung.
- Wenn du alle Sätze so bearbeitet hast, liest du dir den gesamten Text laut und sinnbetont vor.

DieSt ernt aler

Eswa rein ma lein klein esMäd chen, dem warenVa teru nd-Mut terge storben, undes wars oarm, dasses keinKäm merchen mehrhat te, dar inzu wohnen, undke in Bett chenmehr, darin zuschla fen, und end lichgar ni chts meh rals dieKlei
5 der au fdem Leibu nde in Stück chenBrot ind er H and, dasi hmein mit leidi gesHerz gesche nkthat te.

Eswa raber gutu ndfro mm. U ndwe iles sovona llerWelt ve rlass enwar, gin gesi m Vertr auen aufde nlie benGo tt hi nausi nsFe ld. Dabe gegne teih mein ar merM ann, ders
10 prach: „Ach, gi bmir e twa szues sen, ichb insohu ngrig." Esreich teihm dasga nze S tück chenBro tun dsag te: „Got tse gned ir's", undgin gweit er. Daka mein Kin d, dasjam merteu ndspra ch: „Esf riert mi chsoan mein emKop fe, schenkmi retwas, wo miti chihn bed eck enka nn." Data tessein e Müt
15 zeab un dgabs ie ihm. U ndal sesno chei neWe ileg egang enwar, kamwie derein Kin dund ha ttek einLei bchen¹ anu ndfror: Daga be sihm sei ns; undno chwe it er, daba tein sume in Röc klein, dasga be sa uchvo nsich hin.

En dlichge lan gte esi nei nenW ald, un des warscho
20 ndunk elgew orden, daka mno ch ein s undba tume inHem dlein, undda sfr omm eMä dche nda chte: „Esi stdun kleNa cht, das ieht di chni ema nd, duka nnstwo hldei nHem dlein we gg eben", undzo gdas Hem dabu ndga bes au ch noc hhin.

Un dwi ee ssos tan du ndga rnic hts me hrhat te, fi e lena
25 ufei nma ldi eSte rnevo mHim mel, un des wa re nlau terhar te, blank eTa ler: un dob esglei chsei nHem dlein weg geg eb en, so ha ttee se inneu esa n, und da swar vo mal lerfe insten Li nnen². Das amme ltees si chdi eTale r einu ndwa rrei chfü rse inLe btag.

¹ Leibchen = hier: Jäckchen
² Linnen = Leinen

2 Markiere die folgenden Märchenbausteine farbig im Text:

Anfangsformel ■   *weiter Weg* ■

Verwandlung ■   *Schlussformel* ■

Märchen entflechten

1 Im folgenden Text sind zwei Märchen miteinander verflochten. Lies dir den ganzen Text zunächst einmal in Ruhe durch.

Es war einmal ein armes frommes Mädchen, das lebte mit seiner Mutter allein, und sie hatten nichts mehr zu essen. Es war einmal eine kleine Schnecke, die hatte sich in der dunklen Nacht verlaufen. Sie war unheimlich traurig, weil sie nicht den Weg nach Hause finden konnte.

Da ging das Kind hinaus in den Wald, und da begegnete ihm eine alte Frau, die wusste seinen Jammer schon und schenkte ihm ein Töpfchen, zu dem sollte es sagen: „Töpfchen, koche", so kochte es guten süßen Hirsenbrei, und wenn es sagte: „Töpfchen, steh", so hörte es wieder auf zu kochen. Plötzlich entdeckte sie ein Licht. Ein geheimnisvolles grünes Licht schwebte durch den Wald. War dies ein Zauberwald? War sie verrückt geworden? Hatte sie zu viele Salatblätter gefressen? Was war das bloß? Das Mädchen brachte den Topf seiner Mutter heim, und nun waren sie ihrer Armut und ihres Hungers ledig und aßen süßen Brei, sooft sie wollten. Auf eine Zeit war das Mädchen ausgegangen, da sprach die Mutter: „Töpfchen, koche", da kocht es, und sie isst sich satt; nun will sie, dass das Töpfchen wieder aufhören soll, aber sie weiß das Wort nicht. Es war ein Glühwürmchen. Ein kleines Insekt, das voller Licht strahlte und in warmen Sommernächten den Himmel erleuchtete. Und es hilft damit allen, die sich in der Dunkelheit verlaufen haben. Also kocht es fort, und der Brei steigt über den Rand hinaus und kocht immerzu, die Küche und das ganze Haus voll, und das zweite Haus und dann die Straße, als wollt's die ganze Welt satt machen, und ist die größte Not, und kein Mensch weiß sich da zu helfen. Dadurch gelang es der kleinen Schnecke, nach Hause zu finden. Endlich, wie nur noch ein einziges Haus übrig ist, da kommt das Kind heim und spricht nur: „Töpfchen, steh", da steht es und hört auf zu kochen; und wer wieder in die Stadt wollte, der musste sich durchessen. Und wenn sie nicht gestorben ist, dann lebt sie noch heute quietschvergnügt in ihrem Schneckenhaus.

2 Lies den Text nun noch einmal. Verfolge dabei zunächst nur die Spur **eines** Märchens. Markiere alles, was deiner Meinung nach zu diesem Märchen gehört, in einer Farbe.

3 Ordne diesem Märchen nun eine der beiden folgenden Überschriften zu und markiere diese Überschrift in derselben Farbe.

Der süße Brei   *Das grüne Licht*

4 Lies nun beide Märchen getrennt voneinander laut.

→ Märchenbausteine und Märchenfiguren finden

1 In diesem Wortgitter sind waagerecht acht Merkmale von Märchen versteckt. Markiere sie oder rahme sie farbig ein!

A	D	F	S	C	H	L	U	S	S	F	O	R	M	E	L	C	W
M	A	G	I	S	C	H	E	Z	A	H	L	E	N	I	J	V	B
S	D	F	G	E	Ö	N	Y	W	E	I	T	E	R	W	E	G	E
G	U	T	E	U	N	D	B	Ö	S	E	F	I	G	U	R	E	N
I	V	E	R	W	A	N	D	L	U	N	G	R	N	U	P	H	S
Z	K	B	A	N	F	A	N	G	S	F	O	R	M	E	L	S	T
O	L	Z	A	U	B	E	R	S	P	R	U	C	H	S	F	P	A
X	L	Ä	D	E	G	M	Z	A	U	B	E	R	D	I	N	G	E

2 Im folgenden Märchen sind sechs Merkmale enthalten.
- Lies das Märchen still durch und markiere sie.
- Schreibe an den Rand, um welches Merkmal es sich handelt.

Es waren einmal ein Bruder und eine Schwester, die spielten am Wasser. In einem unbedachten Moment fielen sie hinein und wurden von einer Nixe gefangen. Die legte ihnen nun schweren Dienst auf und hieß das Schwesterchen Wasser in ein hohes Fass schütten und den Knaben einen Baum mit einer stumpfen
5 Axt fällen. Darüber wurden die Kinder endlich ungeduldig und entflohen. Die Nixe aber setzte ihnen nach. Als die Kinder sie erblickten, so warf das Mädchen eine Bürste hinter sich. Das gab einen großen Bürstenberg, über den die Nixe mit viel Mühe klettern musste, aber sie schaffte es schließlich doch. Da warf der Knabe einen Kamm hinter sich, das gab einen Kammberg zwischen
10 ihnen und der Verfolgerin. Allein zuletzt stieg sie doch darüber und wollte die Kinder greifen. In höchster Not warf nun das Mädchen einen Spiegel hinter sich. Das ergab einen Glasberg, der war so glatt, dass die Nixe nicht darüberklettern konnte und wieder zurück in ihr Wasser gehen musste. Froh und glücklich kamen die Kinder wieder zu Hause an, und wenn sie nicht gestorben sind, dann leben sie
15 noch heute.

3 Formuliere nun für das Märchen eine treffende Überschrift und notiere sie.

4 Der Bandwurm hat zwölf Märchenfiguren verschluckt. Finde sie heraus! Ziehe senkrecht farbige Trennlinien zwischen den Märchenfiguren.

→ Ein Märchen zu Ende schreiben

Die Wichtelmänner

Brüder Grimm

Es war ein Schuster ohne seine Schuld so arm geworden, dass ihm endlich nichts mehr übrig blieb als Leder zu einem einzigen Paar Schuhe. Nun schnitt er am Abend die Schuhe zu, die wollte er am nächsten Morgen in Arbeit nehmen; und weil er ein gutes Gewissen hatte, so legte er sich ruhig zu Bett, befahl sich dem lieben Gott und schlief ein. Morgens, nachdem er sein Gebet verrichtet hatte und sich zur Arbeit niedersetzen wollte, standen die beiden Schuhe ganz fertig auf seinem Tisch. Er wunderte sich und wusste nicht, was er dazu sagen sollte. Er nahm die Schuhe in die Hand, um sie näher zu betrachten; sie waren so sauber gearbeitet, dass kein Stich daran falsch war, gerade als wenn es ein Meisterstück sein sollte. Bald darauf trat auch schon ein Käufer ein. Und weil ihm die Schuhe so gut gefielen, bezahlte er mehr als gewöhnlich dafür, und der Schuster konnte von dem Geld Leder für zwei Paar Schuhe kaufen. Er schnitt sie abends zu und wollte den nächsten Morgen mit frischem Mut an die Arbeit gehen. Aber er brauchte es nicht, denn als er aufstand, waren sie schon fertig, und es blieben auch nicht die Käufer aus, die ihm so viel Geld gaben, dass er Leder für vier Paar Schuhe einkaufen konnte. Er fand frühmorgens auch die vier Paar fertig. Und so ging's immer fort, was er abends zuschnitt, das war am Morgen verarbeitet. So hatte er bald wieder sein ehrliches Auskommen und ward endlich ein wohlhabender Mann.

Nun geschah es eines Abends kurz vor Weihnachten, als der Mann wieder Schuhe zugeschnitten hatte, dass er vor dem Schlafengehen zu seiner Frau sprach: „Wie wär's, wenn wir diese Nacht aufblieben, um zu sehen, wer uns da eigentlich hilft?"

Die Frau war damit einverstanden und steckte ein Licht an. Dann verbargen sie sich in der Zimmerecke hinter den Kleidern, die da aufgehängt waren, und passten auf. Als es Mitternacht war, kamen zwei kleine, niedliche nackte Männlein, setzten sich vor des Schusters Tisch, nahmen alle zugeschnittene Arbeit an sich und fingen an, mit ihren Fingerlein so schnell zu stechen, zu nähen und zu klopfen, dass der Schuster vor Verwunderung die Augen nicht abwenden konnte. Sie ließen nicht nach, bis alles fertig war und auf dem Tisch stand, dann sprangen sie schnell fort.

Am anderen Morgen sprach die Frau: „Die kleinen Männer haben uns reich gemacht, wir müssten uns doch dafür dankbar zeigen. Weißt du was?" (…)

1 Schreibe dieses Märchen nun zu Ende.
- Was könnten die Schustersleute den Wichtelmännern Gutes tun?
- Und wie werden die Wichtel wohl reagieren?

Den Mittelteil eines Märchens schreiben

1 Hier fehlt der Mittelteil des Märchens. Lies dir den Text zunächst einmal durch.

Prinzessin Mäusehaut

Brüder Grimm

Ein König hatte drei Töchter; da wollte er wissen, welche ihn am liebsten hätte, ließ sie vor sich kommen und fragte sie. Die älteste sprach, sie habe ihn lieber als das ganze Königreich; die zweite, als alle Edelsteine und Perlen auf der Welt; die dritte aber sagte, sie habe ihn lieber als das Salz. Der König ward aufgebracht, dass sie ihre
5 Liebe zu ihm mit einer so geringen Sache vergleiche, übergab sie einem Diener und befahl, er solle sie in den Wald führen und töten. Wie sie in den Wald gekommen waren, bat die Prinzessin den Diener um ihr Leben; dieser war ihr treu und würde sie doch nicht getötet haben, er sagte auch, er wolle mit ihr gehen und ganz nach ihren Befehlen tun. Die Prinzessin verlangte aber nichts als ein Kleid von Mäusehaut, und
10 als er ihr das geholt, wickelte sie sich hinein und ging fort. Sie ging geradezu an den Hof eines benachbarten Königs, gab sich für einen Mann aus und bat den König, dass er sie in seine Dienste nehme. Der König sagte es zu, und sie solle bei ihm die Aufwartung haben: Abends musste sie ihm die Stiefel ausziehen, die warf er ihr jedes Mal an den Kopf. Einmal fragte er, woher sie sei. – „Aus dem Lande, wo man den Leuten
15 die Stiefel nicht an den Kopf wirft." Da wurde der König aufmerksam und sprach zu Mäusehaut:

_____
_____
_____
_____
_____
_____
_____

Zu der Hochzeit wurde auch der Vater der Mäusehaut eingeladen, der glaubte, seine Tochter sei schon längst tot, und erkannte sie nicht wieder. Auf der Tafel aber waren alle Speisen, die ihm vorgesetzt wurden, ungesalzen, da ward er ärgerlich und sagte:
20 „Ich will lieber nicht leben, als solche Speise essen!" Wie er das Wort ausgesagt, sprach die Königin zu ihm: „Jetzt wollt ihr nicht leben ohne Salz, und doch habt ihr mich einmal wollen töten lassen, weil ich sagte, ich hätte euch lieber als Salz!" Da erkannte er seine Tochter und küsste sie und bat sie um Verzeihung, und es war ihm lieber als sein Königreich und alle Edelsteine der Welt, dass er sie wiedergefunden.

2 Schreibe mit deinen Worten auf, warum der Vater seine Tochter verstößt.

_____
_____
_____

3 Wem verdankt Mäusehaut eigentlich ihr Leben und warum ist das so?

_____
_____
_____

4 Welchen ungewöhnlichen Wunsch hat Mäusehaut? Finde eine Begründung dafür.

_____
_____
_____

5 Die Prinzessin ist sich nicht zu fein, eine Arbeit zu suchen. Bei wem bewirbt sie sich und was macht sie dort?

_____
_____
_____

6 Welchen Trick denkt sich die Tochter aus, damit der Vater die Bedeutung von Salz für sich erkennt?

_____
_____
_____

7 Schreibe nun den fehlenden Mittelteil zu diesem Märchen auf.
- **Warum wird der König plötzlich aufmerksam? Wähle aus:**
  a) Der König erkennt plötzlich, dass sie eine sehr helle Stimme hat.
  b) Er hat noch nie von einem Angestellten eine so gescheite Antwort bekommen.
  c) Der König findet die Antwort frech und empörend.
- **Achte darauf, dass deine Fortsetzung zur Hochzeit der beiden führen soll.**

→ Eine Fantasiegeschichte erzählen

1 Stell dir vor, du streifst durch den Wald …

Plötzlich stehst du vor diesem „Höllenschlund".
- Wie reagierst du?
- Was empfindest du bei diesem Anblick?

Du gehst durch das Maul und betrittst das Innere.
- Wie ist dir dabei zumute?
- Was erwartet dich?
- Wie sieht es dort aus?

2 Sammle deine Gedanken und Ideen zu diesem Bild in einem Cluster.

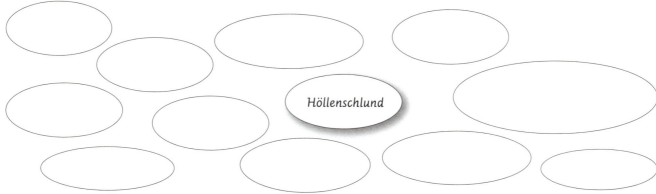

Höllenschlund

3 Lass dich von diesem „Höllenschlund" zu einer spannenden Fantasiegeschichte anregen:
- Sieh dir dein **Cluster** an und markiere die **Ideen**, die du für die Geschichte nutzen willst.
- Schreibe deine Erzählung in der **Ich-Form**.
- Erzähle vorwiegend in den **Zeitformen der Vergangenheit**.
- Überlege dir eine **Einleitung**, die das Interesse deiner Leser oder Zuhörer weckt und die in deine Geschichte hineinführt. Du könntest so beginnen:
  Es war an einem heißen Tag im Juli, als ich etwas Unerhörtes erlebte. Ich streifte durch den Wald und war auf der Suche nach Pilzen. Da entdeckte ich plötzlich … Langsam ging ich näher. Was war das nur? Eine teuflische Fratze …

 Tipp:
Schau beim Schreiben immer wieder einmal auf die **Checkliste**.

CHECKLISTE
Ich habe …
- ✓ … eine Einleitung geschrieben, die neugierig macht und Interesse weckt.
- ✓ … in der Ich-Form erzählt.
- ✓ … anschauliche Adjektive und Spannungswörter verwendet.
- ✓ … wörtliche Reden oder auch Gedanken eingefügt.
- ✓ … auf abwechslungsreiche Satzanfänge geachtet.
- ✓ … meistens die Zeitformen der Vergangenheit verwendet.
- ✓ … eine Überschrift gefunden, die neugierig macht, aber nicht zu viel verrät.

Überschrift

Einleitung

Du bist in der Höhle:
Wie ist es dort?
Was kannst du sehen,
hören, fühlen?

*feucht, dunkel, modrig,
totenstill,
gespenstisch, gefährlich,
aufgeregt, beklommen,
ängstlich,
schwacher Lichtschimmer, dunkle Schatten,
Wandmalereien ...?*

Wer oder was ist
auch in der Höhle?
Was passiert?

*ein unheimliches
Schleichen,
lautes Fauchen,
gelbe Augen,
rasendes Herzklopfen,
ein schneller Sprung,
wegducken ...?*

Du bist wieder
draußen vor der Höhle.
Wie ist das Ganze
ausgegangen?

*Sonnenschein,
Vögel zwitschern,
erschöpft, erleichtert,
Freunde,
froh, lachend ...?*

→ Online-Kataloge sinnvoll nutzen

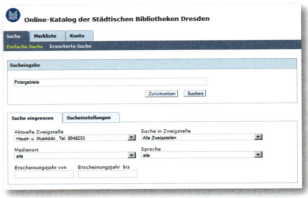

Am PC kann man sich von zu Hause aus über den Bücherbestand und die Ausleihe informieren; so z. B. in Dresden über die folgende Internetadresse: www.bibodresden.de
Mit einem Klick auf den Button *Kataloge* öffnet sich die Suchmaske. Danach gibt man einen Suchbegriff ein und startet die Suche (Button *Suchen*).

1 Welcher Suchbegriff wurde eingegeben?

2 Wie viele Suchergebnisse gibt es?

3 Wo klickt man, um mehr über ein bestimmtes Buch zu erfahren?

4 Was kann man tun, um ein Buch später auszuleihen?

5 Welche der Informationen findest du besonders nützlich?

→ Woher unsere Familiennamen kommen

Familiennamen

Anfangs hatten die Menschen nur einen Namen, den heutigen Vornamen. Weil die Bevölkerungszahl immer mehr anstieg, reichte der Vorname allein nicht mehr aus. Die Folge davon war, dass man viele Personen dem Namen nach nicht mehr unterscheiden konnte. Deshalb brauchte man einen zweiten Namen, den heutigen Familiennamen.

Die ersten Familiennamen gaben damals häufig Eigenschaften, Herkunft und Berufe ihrer Träger an: *Mager, Wiener, Zimmermann*.

Etwa 50 der 200 Namen, die heute in Deutschland am häufigsten vorkommen, gehen auf eine Eigenschaft oder ein Merkmal ihrer Träger zurück. Drei Arten sind besonders häufig:

Familiennamen

äußerliche Merkmale (Größe, Haarfarbe, Gestalt usw.)	Eigenschaften	Vergleiche
Schwarz	Mildner	Luchs

1 Trage die folgenden Familiennamen in die entsprechenden Spalten ein.

SCHWARZ	MILDNER	LUCHS	GEIER	KLUGER	HOLZ
FRÖHLICH	ENGEL	FRISCH	DICK	KAHL	FROMM
SCHNABEL	KLETTE	KLEIN	SAUER	LANG	BREITNER
SAUBER	KLOTZ	KRAFT	FUCHS	GRÜNLICH	LIPPE

1 In dem Buchstabengitter rechts sind acht Familiennamen versteckt. Wenn du sie gefunden hast, markiere sie. Es gilt immer der längere Name, z. B.: *Leisegang*. Die Anfangsbuchstaben der acht Namen ergeben einen weiteren Familiennamen.

```
J I V H L E I S E G A N G G U H T I
L E U K W I A N G S T M A N N F R T
X J N A C H T I G A L L S G S D A I
V L Y K G U T G E S E L L D R F R I
H J X W M Z B I E D E R M A N N P A
E H R L I C H E R U V C Q E Q F G I
Z F Y N A M I R R G A N G B P D B O
O B F N O T N A G E L X A O C P V M
```

→ Kurze Vokale – lange Vokale

Kurze Vokale – lange Vokale

Die meisten Wörter unserer Sprache bestehen aus zwei Silben.
Der Vokal in der ersten betonten Silbe kann lang sein.
Dann endet die Silbe in der Regel mit einem Vokal: *Vá-ter, Brú-der* ...
Der Vokal kann aber auch kurz sein.
Dann endet die erste Silbe in der Regel mit einem Konsonanten: *Tán-te, Schwés-ter* ...
Die Laute **au**, **äu**, **eu**, **ei**, **ai**, **ie** gelten als lange Vokale.

Apfel Beere Birne Blume Blüte Gurke Kirsche Kürbis Nelke Pflaume Rose Rübe

1 Ordne diese Wörter und schreibe sie mit Silbenstrich auf.
Von jeder Sorte gibt es sechs.

Wörter mit betontem Langvokal   **Wörter mit betontem Kurzvokal**

Bee-re,   Ap-fel,

2 Ordne die folgenden Tierbezeichnungen und schreibe sie mit Silbenstrichen auf.
Von jeder Sorte gibt es sechs.

Enten Ferkel Fliegen Hunde Kater Katzen Kröten Kühe Löwen Ochsen Tiger Würmer

Wörter mit betontem Langvokal   **Wörter mit betontem Kurzvokal**

Flie-gen,   En-ten,

3 Sprich dir die folgenden Wörter vor. Schreibe sie dann mit Silbenstrichen auf.
Von jeder Sorte gibt es fünf.

Dienstag Freitag Juni Juli Mittag Mittwoch Montag Morgen Samstag Sonntag

Wörter mit einem betonten Langvokal   **Wörter mit einem betonten Kurzvokal**

Diens-tag,

4 In zwei Wörtern aus Aufgabe 3 hat die erste betonte Silbe einen Langvokal
und endet trotzdem mit einem Konsonanten. Markiere diese Wörter.

→ Vorsilben und Nachsilben

Vorsilben und Nachsilben

Eine große Zahl unserer Wörter besteht aus einem **Wortstamm** wie *-SPIEL-*,
aus **Vorsilben** wie *BEI-, VER-, AB-, ZU-, UN-, BE-* ...
und aus **Nachsilben** wie *-EN, -BAR, -ERISCH, -KEIT* ...
So kommt es zu einer großen Menge von Wörtern wie *Bei-spiel, spiel-bar* ...

1 Schreibe eine Reihe von Wörtern mit dem Wortstamm *-spiel-* auf:

_____

_____

2 Schreibe mit diesen **Vorsilben**, **Wortstämmen** und **Nachsilben** zu jeder Reihe
mindestens sechs Wörter auf, die eine oder mehrere Vorsilben und Nachsilben haben.

Vorsilben	Wortstamm	Nachsilben
BE- AN- UN-	-FREUND-	-LICH -KEIT -EN -SCHAFT
UN- BE- AB-	-SCHREIB-	-UNG -EN -LICH -KEIT
AUS- AN- AB- VOR-	-FÜHR-	-LICH -KEIT -EN -ER -UNG
GE- AUF- BE- VER-	-FAHR- / -FÄHR-	-LICH -TE -EN -BAR -KEIT

FREUND: *anfreunden, freundlich,* _____

_____

SCHREIB: _____

_____

FÜHR: _____

_____

FAHR/FÄHR: _____

_____

3 Schreibe eine Reihe von Wörtern auf, die aus dem **Wortstamm**, aus **Vorsilben**
sowie aus **Nachsilben** bestehen. Manchmal kannst du mehrere Vorsilben aneinanderreihen:

| AUS- EIN- AB- ÜBER- | | -UNG -BAR -LICH |
| UN- BE- ENT- ANDER- | -SETZ- / -SITZ- | -EN -ER -KEIT |

Aus-ein-ander-setz-ung, _____

_____

Das silbentrennende h und das Dehnungs-h

Das silbentrennende h und das Dehnungs-h

Es gibt Wörter, bei denen ein **h** deswegen zwischen zwei Silben steht, weil die erste Silbe mit einem Vokal endet und die zweite mit einem Vokal beginnt: *se-**h**-en*.
Das **h** trennt also die beiden Silben. Deswegen heißt es **silbentrennendes h**.
Bei der Silbentrennung gehört es zur zweiten Silbe: *se-hen*.
Es gibt Wörter, bei denen das **h** die Dehnung eines Vokals deutlich macht: *fahren*.
Deswegen heißt es **Dehnungs-h**.
Bei der Silbentrennung gehört das **h** zur ersten Silbe: *fah-ren*.

Fehler   Höhe   Höhle   Mähne   Mühe   Mühle   Rehe   Ruhe   Schuhe   Zahlen   Zähne   Zehen

1 Ordne diese Wörter. Schreibe sie mit Silbenstrichen auf.

Wörter mit Dehnungs-h

Feh-ler,

Wörter mit silbentrennendem h

Hö-he,

2 Bilde von folgenden Wörtern die Infinitive. Ordne sie. Schreibe sie mit Silbenstrichen auf. Von jeder Sorte gibt es sieben.

droht   fährt   fehlt   führt   geht   glüht   rührt   ruht   seht   steht   wehrt   wohnt   zählt   zieht

Wörter mit Dehnungs-h

fah-ren,

Wörter mit silbentrennendem h

dro-hen,

3 Hier findest du 13 Wörter, die sehr oft falsch geschrieben werden. Ordne sie.

mehr   sehr   ziemlich   wohl   früher   zehn   nun   beinahe   ohne   quer   ruhig   her   holen

Wörter ohne h

Wörter mit h

4 Drei der Wörter aus Aufgabe 3 haben ein silbentrennendes h.
Schreibe sie noch einmal mit Silbenstrichen hier auf:

Wörter mit h zwischen zwei Vokalen

1 Wenn wir kein silbentrennendes **h** hätten, dann sähen im folgenden Text die Wörter in Klammern alle etwas merkwürdig aus. Setze die Wörter in richtiger Schreibung in die Lücken ein. Streiche dann das falsch geschriebene Wort durch!

Wörter mit h zwischen zwei Vokalen

Bei vielen Wörtern endet die erste, betonte Silbe mit einem langen Vokal *(na-)* und die zweite Silbe beginnt wieder mit einem Vokal *(-he)*. Dann setzt man oft ein **h** dazwischen, damit man besser erkennen kann, dass das Wort aus zwei Silben besteht *(na-he)*. Wäre das nicht so, würde man dieses Wort *nae* schreiben. Und das wäre fürs Lesen doch sehr verwirrend!

Super-Blitzableiter

Der einzige Mensch, der siebenmal vom Blitz getroffen wurde und einige Male dabei *(beinae)* _beinahe_ zu Tode kam, ist der *(eemalige)* _____ Parkwächter R. C. Sullivan. Die außergewöhnliche *(Anzieungskraft)* _____ dieses *(Aufseers)* _____ begann 1942. Er verlor dabei den Nagel seiner rechten *(Zee)* _____. 1969 büßte er auf einem gar nicht so *(hoen)* _____ Hügel durch einen Blitz beide Augenbrauen ein. Im Juli 1970 ist es ihm *(gescheen)* _____ , dass ein Blitz seine linke Schulter versengte. Im April 1972 entzündete sich sein *(weendes)* _____ Haar. 1973 entkam er nur mit *(Müe)* _____ dem Tod, als ihm die Beine versengt wurden. 1976 wurden ihm in seinen *(Schuen)* _____ die Fußsohlen verletzt. Und als er 1977 während des Angelns *(nae)* _____ an einem See vom Blitz getroffen wurde, musste er verletzt ins Krankenhaus *(geen)* _____. Bei Gewitter hatte Sullivan keine *(Rue)* _____ und keine *(froe)* _____ Minute mehr. Es ist gut zu *(versteen)* _____ , dass er von seinen Freunden der Super-Blitzableiter von Virginia genannt wurde.

2 Suche zu den folgenden Wörtern einige Wortverwandte der Wortfamilie und schreibe sie auf: *Ruhe, ruhig …*

Ruhe: _____

Mühe: _____

drehen: _____

gehen: _____

geschehen: _____

früh: _____

→ Wörter mit Dehnungs-h

Fähren

Wir haben uns längst daran _gewöhnt_____ , Flüsse überqueren zu können.

Wir laufen, wir _____ mit der _____ über eine Brücke oder wir benutzen _____ . Sie bringen Menschen und _____ dort über den Fluss, wo Brücken _____ .

Vor vielen _____ gab es natürlich viel mehr Fähren, weil der _____ noch nicht so stark war wie heute. Schon immer _____ die Menschen eine _____ für die _____ .

In alten Unterlagen wird _____ , dass die _____ nicht immer _____ handelten. Vom Passagier wurde nämlich _____ des Übersetzens oft ein höherer Preis gefordert. Und wenn der sich weigerte, diesen Preis zu _____ , _____ man einfach um und _____ zurück.

1 Setze in die Textlücken die folgenden Wörter ein, die hier alphabetisch geordnet sind.

*bezahlen   drehte   ehrlich   erwähnt   fahren
Fähren   Fährmänner   Fahrzeuge   fehlen
fuhr   Gebühr   gewöhnt   Jahren   Straßenbahn
Überfahrt   Verkehr   während   zahlten*

2 Suche zu den folgenden Wörtern einige Wortverwandte der Wortfamilie und schreibe sie auf:
Jahr: jährlich, Jahreszeit …

Jahr: _____

_____

Zahn: _____

_____

wohnen: _____

_____

Wörter mit einfachem und doppeltem Konsonanten

1 Stelle die folgenden Wörter zu Reimpaaren zusammen.
Dabei musst du zu jedem Wort links ein passendes Reimwort rechts finden. Das findest du aber nur, wenn du die Wörter ganz deutlich aussprichst!

Einfache und doppelte Konsonanten

Ein **einfacher Konsonant** wird geschrieben, wenn der betonte Vokal in der ersten Silbe **lang** ist: *Hü-te, O-fen, kä-men ...*

Ein **Doppelkonsonant** wird geschrieben, wenn der betonte Vokal in der ersten Silbe **kurz** ist: *Hüt-te, of-fen, käm-men ...*

Schoten	Qua ? en	*Schoten - Boten*
Schotten	Schu ? e	
Schalen	Bo ? en	
Quallen	So ?? e	
Quellen	Kanä ? e	
Stulle	Mo ?? en	
Tonne	fa ?? en	
Zone	Kro ? e	
Säle	ste ?? en	
Ställe	Gebru ?? e	
Krume	Blu ? e	
Summe	Fä ?? e	
Spule	Bu ?? e	

2 Schreibe das Gegenteil auf. Die Gegenteilwörter haben immer Doppelkonsonanten – und reimen sich.

gerade	*krumm*	→ schlau
trocken		→ gebräunt
langsam		→ dunkel
mager		→ unfreundlich
rau		→ hungrig

Doppelkonsonanten in Wortfamilien

Doppelkonsonanten in Wortfamilien

Eine **Wortfamilie** besteht aus Wörtern, die miteinander verwandt sind. Die Verwandtschaft zeigt sich darin, dass alle Wörter einer Familie ähnlich aussehen, weil sie den gleichen **Wortstamm** haben:
fallen: fällt, fiel, gefallen, auffallen, einfallen, die Falle, der Einfall, der Zufall ...

1 Diese Wörter gehören zu vier Wortfamilien. Die Wörter werden alle mit Doppelkonsonanten geschrieben. Ordne sie:

zerren Zerrung Schwimmbad Rennpferd Zappelei schwimmen verzerrt Schwimmerin zappeln gezappelt rennen gerannt zappelig zerrt geschwommen gezerrt rennt Zappelphilipp schwimmt Wettrennen

zerren:

schwimmen:

rennen:

zappeln:

2 In diesen drei Wortfamilien kommen Wörter mit einfachem Konsonanten und mit doppeltem Konsonanten vor. Ordne sie:

treffen bitten fallen Treffer trifft traf Einfall Treffpunkt bat gebeten getroffen fällt Bitte fiel verbitten Zufall

treffen: traf,

bitten:

fallen:

3 Die Verben *können, sollen, wollen, müssen* kommen meistens im Zusammenhang mit anderen Verben vor: *Sie können nicht schwimmen*.
Schreibe Ich-Sätze auf und kombiniere diese Verben dabei immer mit einem anderen Verb.

können   sollen   wollen   müssen   →   *schwimmen ...*

Ich kann

→ Wortfamilien mit tz und ck

1 Die folgenden Wörter gehören zu vier Wortfamilien.
Zu jeder Familie gehören vier Wörter. Ordne sie.
Aber Achtung: Zwei Wörter gehören in keine dieser Familien!
Schreibe sie extra auf.

*sitzen   schwitzt   Verletzung   Schwitzkasten
platzen   verletzt   Platz   verletzen   platzt
petzen   verschwitzt   witzig   Sitzung   schwitzen
sitzt   geplatzt   Polstersitz   unverletzt*

sitzen, _____

platzen, _____

verletzen, _____

schwitzen, _____

Diese Wörter passen nicht hinein: _____

2 Auch diese Wörter gehören zu vier Wortfamilien.
Zu jeder Familie gehören vier Wörter. Ordne sie.
Aber Achtung: Zwei Wörter gehören in keine dieser Familien!
Schreibe sie extra auf.

*wecken   trocken   Bäcker   vertrocknet   lecker
aufwecken   wackeln   backt   verwackeln
Trockenheit   backen   wackelt   Wecker   gebacken
gekleckert   trocknen   geweckt   wackelig*

wecken, _____

trocknen, _____

backen, _____

wackeln, _____

Diese Wörter passen nicht hinein: _____

3 Schreibe die gesuchten Wörter auf. Sie enden alle mit *-ick* oder *-ück*.

Ein anderes Wort für *Seil* ist: _____   Ein kurzer Moment: ein _____

Das Gegenteil von *voran* ist: _____   Wer sich schön kleidet, ist _____

Das Gegenteil von *Pech* ist: _____   Die Mahlzeit am Morgen: _____

Wörter mit tz – Wörter mit ck

Wörter mit tz

Wörter kann man nur mit **tz** schreiben, wenn in der betonten Silbe ein **kurzer Vokal** steht: *set-zen, pet-zen* …
Nach einem **langen Vokal** und **au**, **eu**, **ei** steht niemals **tz**: *Bre-zel, Kreuz* …
Auch nach einem **Konsonanten** kann **niemals tz** stehen: *Schwanz, Kranz* …

setzen   schwitzen   Satz
trotzig   platzen   Witz
Schatz   putzen   Blitz
petzen   schmatzen   benutzen
putzig   schmutzig   sitzen

1 Schreibe die Wörter mit **tz** nach dem Abc geordnet auf:

benutzen,

2 Bilde sechs Reimpaare:

Wörter mit ck

Wörter kann man nur mit **ck** schreiben, wenn in der betonten Silbe ein **kurzer Vokal** steht: *Backen, Jacken* …
Nach einem **langen Vokal** und **au**, **eu**, **ei** steht **niemals ck**: *La-ken, Schau-kel* …
Auch nach einem **Konsonanten** kann **niemals ck** stehen: *Bank, krank* …
Das **ck** bleibt bei der Silbentrennung zusammen: *Ja-cken, Ba-cken* …

blicken   schmecken
trocken   Mücke
ersticken   lecken
dreckig   gucken
Brücke   lecker
meckern   jucken
Socken   eckig
kleckern   Stecker

3 Schreibe diese Wörter mit **ck** nach dem Abc geordnet auf:

4 Bilde Verben in der Er-, Sie- oder Es-Form:

→ Wann schreibt man ß und wann ss?

Der stimmlose s-Laut

In vielen zweisilbigen Wörtern kommt ein stimmloser s-Laut vor:
Wenn der Vokal davor **kurz** ist, schreibt man **ss**: wi*ss*en, mü*ss*en ...
Wenn er **lang** und gedehnt ist, schreibt man **ß**: flie*ß*en, schie*ß*en ...
Dabei gelten **au**, **äu**, **eu**, **ei**, **ie** als lange Vokale.

1 Sprich die folgenden Wörter deutlich aus. Wenn der Vokal unterstrichen ist, dann ist er lang, wenn ein Punkt unter ihm steht, ist er kurz.

abgescho?en	gefre?en	Ra?el	Spä?e	Sommerspro?en
ausgego?en	Gequa?el	regelmä?ig	spa?ig	Gespu?el
einigerma?en	Grima?e	Schö?e	sto?en	gefrä?ig
fe?eln	Prinze?in	knei?en	Stra?en	
quo?en	Gespu?el	So?e	Schnäu?e	

2 Schreibe diese Wörter nun geordnet auf. Setze immer ein **ß** oder **ss** ein.
Achtung: Es sind fünf Fantasiewörter darunter! Wenn du aber die Regel oben im Merkkasten gelesen hast, dann weißt du, wie man sie schreiben muss.

Wörter mit ss

abgeschossen, _____

_____

_____

_____

Wörter mit ß

einigermaßen, _____

_____

_____

_____

3 In vielen Wortfamilien kommen Wörter vor, die man mit ß und ss schreibt: *essen, aß* ...
Ordne diese Wörter nach Wortfamilien.

ausfressen	gelassen	schließt	unvergesslich	er verlässt
Fraß	gewusst	Schloss	sie vergaß	verschlossen
er frisst	ich ließ	ich weiß	Vergessenheit	Wissensdurst

schließen, _____

wissen, _____

fressen, _____

lassen, _____

vergessen, _____

→ Übungen zu Wörtern mit ß und ss

Ein besonderes Kunststück

Der berühmteste **Entfesselungs-künstler** war Harry Houdini. Er führte als Erster die Unterwasserbefreiung aus einem Fass vor, aus dem er sich befreien musste, nachdem er sich mit Handschellen und Eisenketten an Händen und Füßen verschließen ließ. Wie er sich aus dem Nass befreit hat, weiß bis heute niemand genau. Einen Schlüssel zum Aufschließen der Fesseln hatte er jedenfalls nicht dabei.

Entfesselungskünstler, _____
_____
_____
_____
_____
_____
_____

1 Markiere in diesem Text alle Wörter, in denen ein **ss** oder **ß** vorkommt (es sind zwölf).

2 Schreibe diese Wörter noch einmal am Rand auf und unterstreiche das **ss** und **ß**.

3 Suche zu den **fett gedruckten** Wörtern Wortverwandte. **Beachte:** In einigen Wörtern steht **ss**, in anderen **ß** – je nach der Länge des Vokals, der dem s-Laut vorausgeht!

verschließen: *schließen, verschlossen,* _____
_____

ließ: *ließen, lassen,* _____
_____

weiß: *wissen, gewusst,* _____
_____

4 Sprich die folgenden Fantasiewörter deutlich aus: Ein kleiner, dünner Buchstabe wird kurz gesprochen, ein großer, dicker Buchstabe lang. Setze dann **ss** oder **ß** ein.

Schni____e   Klü____e   Qu**o**____e   Kl**u**____e

_____   _____   _____   _____

Blo____e   Kn**ü**____e   Schn**ie**____e   Pl**u**____e

_____   _____   _____   _____

5 Schreibe die folgenden Wörter als Reimwörter darunter:
Gosse, Bisse, Spieße, Küsse, Füße, Soße, Busse, Buße.

→ Die Umlaute ä und äu

1 Ergänze diese Verse:
Die Bäuche kommt von Bauch, und Stäucher kommt von Strauch ...

Die Umlaute ä und äu

Viele Wörter mit **ä** stammen von Wortverwandten mit **a** ab: *Kälte ← kalt*.
Und fast alle Wörter mit **äu** stammen von anderen mit **au** ab: *läuten ← laut*.
Wenn du also unsicher bist, ob ein Wort mit **ä** oder mit **äu** geschrieben wird, solltest du versuchen, eine verwandte Wortform mit **a** oder mit **au** zu finden.
Findest du eine, dann sei sicher: Das gesuchte Wort schreibt man mit **ä** oder **äu**.

Reime mit äu und ä

Die B_____che kommt von Bauch,

und Str_____cher kommt von _____,

ich tr_____me kommt von Traum,

aufr_____men kommt von _____,

die Kr_____ter kommt von Kraut,

und l_____ten kommt von _____,

bet_____ben kommt von taub,

der R_____ber kommt von _____,

Die Fl___che kommt von flach,

die Schw___che kommt von _____,

der F___cher kommt von Fach,

und D___cher kommt von _____,

anst___ndig kommt von Stand,

Gel___nder kommt von _____,

die K___lte kommt von _____,

nur ___ltern, das schreibt man mit ___,

obwohl: Es kommt von alt.

2 In diesem Text fehlen in vielen Wörtern (einschließlich der Überschrift) die Striche über dem **ä** und dem **äu**. Schreibe sie darüber und unterstreiche die Wörter.

Aberglaube

Viele Leute sind aberglaubisch. Zum Beispiel ist für sie Freitag, der 13. ein Unglückstag. Sie trauen sich an diesem Tag kaum aus ihren Hausern, weil sie angstlich sind. Sie fürchten sich vor allem vor Unfal-
5 len. Sie glauben, dass daran irgendwelche dunklen Krafte und Machte schuld sind. Obwohl an diesem Tag nicht mehr Unglücksfalle passieren als sonst im alltaglichen Leben, halt sich dieser Brauch auch heute noch. Aber zum Glück gibt es jahrlich höchs-
10 tens drei Freitage, die auf einen 13. fallen! Auffallig oft hangt der Aberglaube mit Tieren zusammen. So verlasst noch heute mancher Erwachsener die Straße, wenn ihm ein niedliches schwarzes Katzchen über den Weg lauft. Es soll namlich Unglück über-
15 bringen. Wie die meisten Brauche stammt auch dieser Brauch aus alteren Zeiten: Im Mittelalter dachte man, die schwarzen Mausejager seien Hilfsgeister der Hexen.
Wenn man aber heute einen Schornsteinfeger auf
20 den Dachern von Hausern sieht oder ihn gar berühren kann, dann bedeutet das Glück. Und naturlich glauben wir alle diesem Brauch sehr gern.

Die Großschreibung von Substantiven

Signale für die Großschreibung von Substantiven

Ob ein Wort im Satz ein **Substantiv** ist, kann man meistens an bestimmten **Signalen** erkennen:
- **Artikel** (bestimmter Artikel / unbestimmter Artikel): *das* Haus, *ein* Blick
- **Pronomen**: *meine* Tasche, *dieser* Winter
- **Adjektiv**: *schöne* Ferien
- **versteckter Artikel**: *ins* (= in das) Wasser, *beim* (= bei dem) Schwimmen
- **Nachsilbe (Suffix)**: Halt*ung*, Wirklich*keit*, Frei*heit*, Finster*nis*, Mann*schaft*

1 Markiere im Text rechts die Signale, die auf die Großschreibung von sieben Fantasiewörtern hinweisen.

Text mit Fantasiewörtern
Franzi musste eine trappe schluppeln.
Diese trappe war sehr schwiezelich.
Aber Franzi gubbte sich große müxte, sie zu schluppeln.
Beim schluppeln kam sie ganz schnax ins schrappen.
Zum schrass stolperte sie noch über ein hullernis.

2 Füge in den Text aus Aufgabe 1 anstelle der Fantasiewörter die Wörter rechts ein. **Achtung:** Das Wort *tragen* kommt im Text dreimal vor. Aber nur einmal wird es als Substantiv verwendet und muss deshalb großgeschrieben werden.

GAB	SCHÖN	TASCHE
HINDERNIS	SCHWER	TRAGEN
MÜHE	SCHWITZEN	TRAGEN
SCHLUSS	TASCHE	TRAGEN

_____
_____
_____
_____
_____

3 Bilde aus den folgenden Wörtern Substantive, indem du eine Nachsilbe (ein Suffix) anfügst. Schreibe die Substantive mit Artikel auf.

schön	wachsam	anstrengen	kostbar	-ung	-schaft
bilden	malen	verwandt	schalten	-keit	-nis
wissen	erlauben	ereignen	dunkel	-heit	-er

die Schönheit, _____

_____
_____

Mein Faschingskostüm

Unsere faschingsfeier ist immer ein erlebnis. Diesmal will ich als ein zauberer gehen. Seitdem ich die bücher über Harry Potter gelesen habe, gefällt mir das zaubererkostüm besonders gut. Auf meinem kopf trage ich einen hut, der grau und spitz ist. Mein gesicht male ich weiß und meine augenbrauen schwarz an.

Natürlich darf eine brille nicht fehlen. Meine mutter näht mir einen anzug, der einem overall ähnelt. Mein vater will mit mir gemeinsam einen zauberstab bauen. Wenn ich auf einen knopf des stabes drücke, ertönt ein schrei, der wie die eule Hedwig klingt. Nun kann die faschingszeit endlich beginnen.

4 Unterstreiche im Text alle **Artikel** und **Pronomen**, die als Signale auf die Großschreibung von Substantiven hinweisen.
Schreibe dann die Substantive gemeinsam mit diesen Signalen richtig auf.

mein Faschingskostüm, _____

_____

_____

_____

5 Unterstreiche im folgenden Text die **Adjektive**. Schreibe sie gemeinsam mit den Substantiven auf.
- Stehen Artikel oder Pronomen davor, schreibe sie ebenfalls mit auf.
- Denke daran, dass immer nur die Substantive großgeschrieben werden!

Ich mag

grüne nudeln und eine leckere soße,

fetzige musik und spannende filme.

Mein neues fahrrad und junge hunde,

nette nachbarn und eine lustige klasse

mag ich auch. Aber freundliche menschen

mag ich besonders gern.

Ich mag _____

grüne Nudeln, eine leckere _____

_____

_____

_____

_____

6 Füge in die folgenden Lücken jeweils einen **versteckten Artikel** ein.
Den sollst du aus den Wörtern rechts bilden.
Überschreibe die Wortanfänge der Substantive mit einem Großbuchstaben.

Maria kommt _____ training zurück.

Der Zug fährt _____ bahnsteig 7 ab.

Wir treffen uns _____ kino.

Alle fünften Klassen gehen morgen _____ theater.

Sandra läuft _____ stall, um sich das Pony anzusehen.

in das
von dem
zu dem
vor dem
an dem

→ Groß- und Kleinschreibung

Eine prüfung in der altsteinzeit

Der Herbst färbt die blätter bunt. Inzwischen sind die nächte bereits empfindlich kühl. Die beiden jungen sind trotzdem stolz, nicht unten am fluss in den rindenhütten bei ihrem stamm schlafen zu müssen. Sie sollen nämlich jetzt zum ende der warmen jahreszeit ihre große prüfung ablegen. Damit wollen sie beweisen, dass sie zu den erwachsenen gehören und mit auf die jagd dürfen. Ihre lanzen aus zähem ebenholz haben sie selbst herge-
5 stellt und über dem feuer gehärtet. Während der prüfung dürfen sie sich nicht in der nähe des stammes sehen lassen oder ins lager zurückkehren. Die jungen ernähren sich vor allem von den beeren der waldsträucher. Mit der zeit lernen sie auch, essbare wurzeln auszugraben und die blätter der bäume für die ernährung zu nutzen. Manchmal hören sie ein knacken und ein stampfen. Dann wissen sie, dass eine herde mächtiger waldelefanten heranstampft. Aus vielen erzählungen wissen sie aber von der gefährlichkeit wütender elefantenkühe, die ihre
10 jungen beschützen wollen. Diese beute lassen sie dann doch lieber vorüberziehen.

1 In diesem Text kommen 38 Substantive vor. Bis auf die Satzanfänge ist alles kleingeschrieben. Markiere die Signale für die Großschreibung vor den Substantiven gelb. Überschreibe die Substantive dann mit Großbuchstaben.

2 Schreibe Substantive heraus, die mit folgenden Erkennungszeichen versehen sind. Unterstreiche die Erkennungszeichen.

1. Artikel: _(in) der Altsteinzeit,_ _____

_____

_____

2. Adjektive: _warme Jahreszeit,_ _____

_____

3. Pronomen: _(bei) ihrem Stamm,_ _____

4. versteckte Artikel: _am Fluss,_ _____

5. Nachsilben (Suffixe): _Prüfung,_ _____

→ Das Komma bei der Aufzählung von Wörtern

Das Komma bei der Aufzählung von Wörtern

Zwischen **aufgezählten** Wörtern setzt man ein **Komma**:
Dienstags, donnerstags, freitags beginnt mein Unterricht um 8:00 Uhr.

Steht zwischen den aufgezählten Wörtern das Wort *und* bzw. das Wort *oder*, wird **kein** Komma gesetzt:
*Jeden Montag, jeden Mittwoch **und** jeden zweiten Donnerstag habe ich nachmittags noch zwei Stunden Unterricht.*

Was ich mag – was ich weniger mag

a) Am liebsten esse ich Spaghetti Eierkuchen Erbseneintopf und Schnitzel mit Rosenkohl.
b) Gar nicht gern mag ich Spinat Möhreneintopf Grießbrei oder Zitronenpudding.
c) Von den Farben gefallen mir besonders ein helles Blau ein zartes Grün ein glänzendes Rot und ein kräftiges Gelb.
d) Nicht so schön finde ich Dunkelgrün Zitronengelb Beigefarben oder Orange.
e) Besonders gern lese ich die Bücher mit Harry Potter abenteuerliche Erzählungen Karl-May-Romane und Geschichten über das Leben im Mittelalter.
f) Kriminalromane oder Reisebeschreibungen lese ich selten.

1 Setze die Kommas in die Sätze ein. Du musst insgesamt zehn Kommas setzen.

2 Schreibe jeweils einen Satz auf, in dem du aufzählst, was du besonders magst und was du nicht so magst. Achte beim Schreiben auf die Kommas.

Wie laut ist es unter Wasser?

3 Ergänze auch hier die fehlenden Kommas. Du musst im ersten Abschnitt sieben und im **zweiten Abschnitt** zwei Kommas setzen.

Da denkt man immer, unter Wasser ist es still. Nein, ganz im Gegenteil: Unter Wasser geht es sehr laut zu. Was man da zu hören bekommt, klingt wie Fröschequaken ein Trommelwirbel lautes Schnarchen dumpfes Grunzen Trillerpfeifen oder wie Magenknurren. Wie schaffen die Fische das, solche Laute
5 hohe Töne tiefe Töne und andere Geräusche von sich zu geben? Einige von ihnen besitzen eine Schwimmblase. Die Haut von dieser Blase wird von Muskeln und Sehnen der Fische schnell hin- und herbewegt. Und diese Bewegungen erzeugen die Töne. Genauso machen es die Menschen beim Trommelspielen beim Geigespielen oder beim Klimpern auf einer Gitarre.
10 Andere Fische dagegen reiben bestimmte Zähne im Mund aufeinander. Diese Töne ähneln unserem Zähneknirschen oder dem Kratzen auf einer Tischplatte. Unter Wasser geht es also fast so zu, wie es beim Menschen über Wasser ist. Über und unter Wasser erklingen Liebeslieder Drohgesänge das Knattern von Motoren und viele andere vertraute Geräusche.

Die Satzzeichen der wörtlichen Rede

Die Zeichen der wörtlichen Rede

Die **wörtliche Rede** besteht aus zwei Teilen:
- Wer etwas sagt, steht im **Begleitsatz**.
- Was gesagt wird, steht im **Redeteil**.

Steht der Begleitsatz **vor** dem Redeteil, steht danach ein **Doppelpunkt**:
Obelix sagte: „Am besten schmecken mir Wildschweine."

Steht der Begleitsatz **nach** dem Redeteil, steht ein **Komma** zwischen Redeteil und Begleitsatz. Der Punkt entfällt:
„Am besten schmecken mir Wildschweine", *sagte Obelix.*
Frage- und Ausrufezeichen gehören zum Redeteil. Sie fallen niemals weg.

Vor dem Redeteil stehen die **Anführungszeichen unten**.
„Am besten schmecken mir Wildschweine!", *rief Obelix.*

Nach dem Redeteil stehen die **Anführungszeichen oben** – aber immer erst **nach** den Satzschlusszeichen.
Obelix fragte: „Was schmeckt dir denn am besten?"

Asterix und Obelix landen in Amerika

Als die beiden in Amerika an Land kamen, lief ihnen ein Truthahn über den Weg.

Asterix sagte   Komisches Tier, mal sehen, ob das schmeckt

Als noch weitere Truthähne aus dem Gebüsch kamen, rief Obelix

   He, Asterix, bis wir Wildschweine finden, haben wir jedenfalls etwas zu essen

5 Dann bereitete Asterix das Abendessen zu.

Er befahl   Obelix, zünde ein Feuer an

Und dann brutzelte der Vogel über dem Feuer.

Obelix fragte   Kann man so was überhaupt essen

Asterix probierte das Fleisch.

10 Er stellte fest   Das schmeckt sogar sehr gut

Obelix ließ sich jetzt auch nicht bitten, biss kräftig in das Fleisch

und rief begeistert aus   Der Braten ist wunderbar

Und dann aßen sich die beiden richtig satt.

1 Entscheide zuerst, welche Sätze Redeteile sind, die Asterix und Obelix gesagt haben.
- Markiere diese Redesätze.
- Unterstreiche dann die Begleitsätze.

2 Überlege, ob Asterix und Obelix etwas **sagen** oder etwas **rufen**, etwas **befehlen** oder etwas **fragen**.
Setze dann Punkte, Fragezeichen oder Ausrufezeichen hinter die Redesätze.

3 Setze zum Schluss die übrigen Satz- und Redezeichen ein: Doppelpunkte, Kommas und Anführungszeichen.

Asterix und Obelix finden ein Indianerboot

An der Küste fanden die beiden etwas für sie Unbekanntes: ein altes Indianerkanu.
Natürlich wollten sie gleich eine Probefahrt damit machen.

    So ein Boot hab' ich noch nie gesehen   sagte Asterix erstaunt.

    Ja, komisch, mit Loch im Boden, das Wasser einlässt   staunte Obelix.

5   Ich fürchte, wir sitzen im falschen Boot   flüsterte Asterix.

    Sollen wir wenden und ein anderes holen   fragte Obelix.

    Viel zu gefährlich   rief Asterix.

In das Boot lief immer mehr Wasser hinein.

    Lass uns aus dem Boot springen und zur Insel schwimmen   forderte Asterix Obelix auf.

10   Hier übernachten wir   befahl Asterix.

    Morgen sehen wir weiter   fügte er noch hinzu.

4 An welcher Stelle stehen in diesem Text die Begleitsätze? Unterstreiche sie.

5 Schau dir nun die Begleitsätze an.
Die Verben weisen darauf hin, welche Satzschlusszeichen am Ende der Redeteile gesetzt werden müssen.
Füge diese Satzschlusszeichen ein.

6 Ergänze nun die noch fehlenden Anführungszeichen **unten** und **oben**.

Asterix und Obelix auf Fischfang

Asterix und Obelix waren auf Fischfang hinaus aufs Meer gefahren. Obelix hatte das Fischnetz ausgeworfen. Nach einer Zeit fragte er   Ja, aber … äh … wie kriegen wir jetzt das Netz wieder   Du brauchst doch nur dran zu ziehen   sagte Asterix.

Obelix war darüber sehr erstaunt   Ich hab's doch aber rausgeworfen

5   Asterix dämmerte etwas und er schrie   Wie, hast du's etwa nicht festgemacht

Obelix schüttelte den Kopf.   Ja, wer ist denn so verrückt und wirft das Netz raus, ohne es festzumachen   rief Asterix empört.   Aber du selbst hast mir's gesagt, dass ich es rauswerfen soll   beschwerte sich Obelix lautstark. Und etwas leiser fügte er hinzu

    Außerdem bin ich Hinkelsteinlieferant und kein Fischer

10   Na gut, wir fahren zurück und holen ein neues Netz   meinte Asterix versöhnlich.

7 Setze hier alle notwendigen Satz- und Redezeichen ein: Punkt, Fragezeichen, Ausrufezeichen, Doppelpunkt, Anführungszeichen und Kommas.

→ Signalwörter für die Kommasetzung

Signalwörter für die Kommasetzung

Zwischen zwei Sätzen muss oft ein Komma gesetzt werden:
*Er hatte es eilig**,** **weil** er noch vor Ladenschluss etwas einkaufen musste.*
Das Komma steht hier immer **vor** Wörtern wie
als, bis, damit, dass, nachdem, ob, obwohl, seit, sodass, weil, wenn.
Diese Wörter sind **Signalwörter** für die Kommasetzung.

Es kommt auch vor, dass der Satz mit dem Signalwort an erster Stelle steht:
Weil *er noch etwas einkaufen musste**,** hatte er es eilig.*
Hier muss das Komma am **Ende** dieses Satzes gesetzt werden.
In diesem Fall steht es immer **zwischen** den **beiden Verben**.
Beim Sprechen wird an der Kommastelle meistens eine kleine Pause gemacht.

Joshis Pläne

Mein Freund Joshi nimmt sich immer viel vor. Jetzt will er sich im Garten einen Teich anlegen nachdem er einen in Müllers Garten gesehen hat. Er träumt schon davon dass dort ein kleiner Wasserlauf leise plätschert. Er möchte gern im Sommer am Teich sitzen bis er das Quaken von Fröschen hören kann. Ich habe ihn gefragt ob er überhaupt Ahnung von Gartenteichen hat. Ein Gartenteich macht nämlich viel Arbeit weil so ein Teich nicht nur ein Loch mit Wasser drin ist. Er wurde ganz unruhig als ich ihm das sagte. Heute erzählt er mir dass wohl aus dem Gartenteich nichts wird. Aus ihm wird kein Experte für Gartenteiche obwohl er sich im Internet informiert hat. „Ich brauche viel zu viel Zeit bis ich den fertig habe", sagte Joshi. Jetzt will er sich lieber eine Seifenkiste bauen damit er an Rennen mit diesen Fahrzeugen teilnehmen kann. Ich wette dass auch aus diesem Plan nichts wird.

1 Bearbeite den Text in folgender Weise:
- Unterstreiche in den Sätzen die Signalwörter für die Kommasetzung.
- Setze dann die Kommas. Insgesamt sind es elf.

2 Füge die passenden Satzhälften zusammen. Schreibe die vollständigen Sätze in dein Heft. Achte auf die Kommas.

a) Vater schimpfte
b) Jana liest ihrem Bruder jeden Abend vor
c) Unser Sportfest musste ausfallen
d) Jakob kann am Turnwettbewerb teilnehmen
e) Wir haben die Information erst spät erhalten
f) Muna wartet
g) Milan verlässt das Klassenzimmer

nachdem er seinen Aufsatz abgegeben hat.
dass der Musikunterricht ausfällt.
als ich mit meinen schmutzigen Sachen ins Auto stieg.
bis der Laptop hochgefahren ist.
weil es in Strömen regnete.
wenn er endlich im Bett liegt.
obwohl er leicht verletzt ist.

Von den Anfängen unseres Fahrrades

Dass man mit dem Fahrrad auf einer geraden Straße besser als zu Fuß vorankommt weiß heute jeder. Obwohl man schon sehr früh nach einem rollenden Fortbewegungsmittel suchte mussten die Menschen bis zum Jahre 1817 warten. Nachdem Karl Drais in diesem Jahr seine Laufmaschine konstruiert hatte entwickelte sich das Fahrrad in den nächsten Jahren sehr schnell weiter. Wenn Karl Drais die Fahrräder von heute sehen könnte käme er aus dem Staunen nicht heraus. Dass das Fahrrad damals *Laufmaschine* hieß war keine Überraschung. Damit man sich auf dieser Maschine fortbewegen konnte musste man sich nämlich mit den Füßen vom Erdboden abstoßen. Weil Karl Drais auch einen Lenker entwickelt hatte konnte der Fahrer sein Gleichgewicht halten. Während heute mit Fahrrädern viel Geld verdient werden kann blieb für Karl Drais der wirtschaftliche Erfolg leider aus.

3 Bearbeite diesen Text in folgender Weise:
- Unterstreiche in dem Text alle Signalwörter für die Kommasetzung.
- Suche die Stellen, an denen zwei Verben aufeinandertreffen. Markiere sie farbig.
- Setze dann die Kommas zwischen den beiden Verben ein.

4 Setze in die folgenden Sätze die Kommas ein.

a) Während es draußen bitterkalt war heizte der Kamin unser Zimmer molligwarm.
b) Die Maus kommt immer wieder wenn sie Speck gekostet hat.
c) Als das Licht im Kino langsam verlöschte stieg die Spannung bei den Zuschauern.
d) Dass du trotz des schlechten Wetters gekommen bist freute uns alle sehr.
e) Die Zuschauer mussten bis zur 89. Minute warten bis das entscheidende Tor fiel.
f) Das Tor hätte schon viel früher fallen können wenn der Elfmeter nicht an die Latte gegangen wäre.

5 Füge in die Sätze die passenden Signalwörter ein. Setze danach die Kommas.

sodass   wenn   nachdem   obwohl   weil   bevor

_____ Robert schnell zur Haltestelle gerannt war war die Straßenbahn schon weg.

Er hätte die Bahn noch bekommen können _____ er fünf Minuten eher aufge-

standen wäre. Er wollte aber unbedingt pünktlich sein _____ er schon einmal

zu spät gekommen war. _____ Robert wieder nach Hause gerannt war schnapp-

te er sich sein Rad. Kräftig trat er in die Pedalen _____ er zügig vorankam.

_____ es zum Unterricht klingelte saß Robert schon erleichtert im Klassenzimmer.

Substantive

M

Substantive

Die **Substantive** sind die **wichtigsten Wörter** unserer Sprache. Ohne sie kann man einen Text kaum verstehen, denn meistens wird erst durch die Substantive die **Bedeutung** eines Textes klar. Damit man die Substantive beim Lesen auch sofort erkennen kann, werden sie **großgeschrieben**.

1 Füge die 19 Substantive an den passenden Stellen des Textes ein. Die ersten zehn stehen rechts in der richtigen Reihenfolge, die anderen neun musst du selbst aussuchen.

*~~Tiere~~ Wohnung Platz Eltern
Sommerferien Bauernhof
Hühner Gänse Ziegen Kühe*

*Bett Foto Grasbüschel Hand Pony
Hund Angst Ferienende Zaun*

Aufregende Ferien

Ich habe (1) __Tiere__ sehr gern. Aber in unserer kleinen (2) _____ ist kein

(3) _____ dafür. Deshalb fand ich es ganz toll, dass meine (4) _____ und ich in den

(5) _____ auf einem (6) _____ gewesen sind.

Dort gab es (7) _____ und (8) _____ , (9) _____ und

(10) _____ . Einen (11) _____ gab es natürlich auch. Am besten hat mir

aber das (12) _____ gefallen. Es kam von ganz allein an den (13) _____ ,

wenn es mich sah. Ich konnte es streicheln und sogar füttern. Ein bisschen (14) _____ hatte

ich schon, als es ein (15) _____ aus meiner (16) _____ fraß.

Am (17) _____ durfte ich es sogar auch einmal reiten. Ich habe das Pony sehr oft

fotografiert. Und jetzt hängt ein (18) _____ von ihm über meinem (19) _____ .

2 Bilde von den folgenden Substantiven den Plural.
Ordne die Substantive dann den sechs Pluralformen zu.
In jede Zeile gehören zwei Substantive.
Schlage im Wörterbuch nach, wenn du unsicher bist.

Bild – Löffel – Hof – Netz – Ohr – Rind – Stuhl – Theater – Note – Auto – Tag – Clown

-e: _____   -s: _____

-(e)n: _____   -er: _____

mit Umlaut: _____   ohne Änderung: _____

Substantive: die vier Fälle

1 Füge das Substantiv, das in Klammern steht, im angegebenen Fall ein.

Die vier Fälle von Substantiven

Die **vier Fälle** von Substantiven erkennt man vor allem an der Form des Artikels oder eines Pronomens. Manchmal bekommen Substantive zusätzlich selbst eine Endung.

Biber

Häufig wird behauptet, dass *(der Biber)* _____
                                                           Nominativ

gern mal *(ein Fisch)* _____ frisst.
                                    Akkusativ

Diese Behauptung entspricht aber nicht *(die Wahrheit)* _____.
                                                                             Dativ

Biber bevorzugen eher die frische Rinde *(ein Baum)* _____.
                                                                          Genitiv

Auch saftige Beeren sind vor *(der Biber)* _____ nicht sicher. Immerhin
                                                   Dativ

„verputzen" sie jährlich vier Tonnen *(die Waldfrucht)* _____.
                                                                       Genitiv

2 Dativ oder Akkusativ?
In den folgenden Sätzen stehen die fett gedruckten Wörter im Dativ oder im Akkusativ. Ergänze die richtige Endung für den **Dativ *(-em)*** oder für den **Akkusativ *(-en)***.

a) Peter rief *(Wen?)* **sein_____ Freund** an.

b) Er überbrachte *(Wem?)* **sein_____ Freund** eine Nachricht.

c) Alina konnte *(Wem?)* **d_____ Krimi** gut folgen.

d) Deshalb las sie *(Was?)* **d_____ Krimi** gern weiter.

e) Einige Schüler sollen *(Was?)* **d_____ Text** abschreiben.

f) Die anderen müssen *(Wem?)* **d_____ Text** Informationen entnehmen.

a) Unsere Theatergruppe braucht **ein_____ neuen Mitspieler**.

b) Lange haben wir gesucht, dann haben wir **ein_____ Schüler** aus der 5b die Rolle gegeben.

c) Wir sind **ein_____ Computerfehler** auf der Spur.

d) Doch wir können **d_____ Fehler** einfach nicht finden.

e) Meine Mutter stimmt **d_____ Kauf** eines Notebooks zu.

f) Mein Vater allerdings lehnt **d_____ Kauf** ab.

Der Gebrauch des bestimmten und unbestimmten Artikels in Texten

M

Der Gebrauch des bestimmten und unbestimmten Artikels in Texten

In einem Text steht der **unbestimmte Artikel** *(ein, eine, einen, einem)* in der Regel dann, wenn ein Substantiv zum **ersten Mal** genannt wird, wenn etwas oder jemand noch **unbekannt** ist.

Der **bestimmte Artikel** *(der, die, das, den, dem)* steht in der Regel dann, wenn dasselbe Substantiv **noch einmal** im Text vorkommt oder wenn dem Leser etwas oder jemand bereits **bekannt** ist.

Märchen

nach den Brüdern Grimm

Es war einmal _____ König, der hatte _____ Tochter. _____ König wollte _____ Mädchen demjenigen geben, der am besten lügen könne. Da kam _____ armer Bauernbursche vor _____ König und erzählte ihm _____ Lügengeschichte. „In unserem Garten stand einmal _____ Kohlkopf. _____

5 Kohlkopf wuchs so hoch, dass er bald _____ Himmel berührte. Daran kletterte ich also hoch. Von dort oben sah ich im Himmel _____ Pracht, dass ich hineinspringen wollte. Da schlug mir aber jemand _____ Himmelstür vor _____ Nase zu, und ich blieb in _____ Wolke hängen. Ich ließ mich an _____ Strick durch _____ Wolke hindurch wieder auf _____ Erde hinunter. Aber als

10 ich erst halb unten war, ist _____ Strick gerissen. Also fiel ich hinunter mitten in _____ Schneeberg hinein. Da ich aus _____ Berg nicht wieder herauskam, ging ich schnell nach Hause und holte _____ Beil. Damit schlug ich dann von innen _____ Schneeberg kaputt und konnte mich befreien."

Da sagte _____ König: „Das ist so gut gelogen, dass es noch keiner besser gemacht

15 hat!" _____ Königstochter wollte er ihm aber trotzdem nicht geben. Deswegen gab er ihm _____ großen Sack voll Gold, um ihn loszuwerden. Hans, _____ Bauernbursche, war sehr froh darüber, und er zog mit _____ Sack davon.

1 Setze in die Lücken den unbestimmten Artikel oder den bestimmten Artikel ein.

Personal- und Possessivpronomen

Personal- und Possessivpronomen

Pronomen stehen im Text für Substantive. Die beiden wichtigsten Arten der Pronomen sind:
- **Personalpronomen:** *ich   du   er   sie   es   wir   ihr   sie.*
- **Possessivpronomen:** *mein   dein   sein   ihr   sein   unser   euer   ihr*

Personalpronomen stehen **für** Substantive und **ersetzen** sie im Text. Sie ermöglichen es, dass dieselben Substantive im Text nicht laufend wiederholt werden müssen:
*Heute Abend kommt **Leo** zu Besuch. **Er** ist schon lange mein Freund.*

Possessivpronomen stehen oft vor Substantiven und geben an, was zu wem **gehört**:
***Jakob** hat **seinen** Füller verloren. **Carolin** borgt ihm **ihren** Füller.*

Schülerlotse

Immer wenn Lorenz morgens zur Schule geht, steht an der Kreuzung ein Schülerlotse. Lorenz kennt den Schülerlotsen schon lange. Der Schülerlotse hilft Lorenz und den anderen Kindern über die Straße. Doch den fließenden Verkehr darf der Schülerlotse dafür nicht stoppen. Wenn der Schülerlotse eine Lücke im Verkehr erkennt, dann hebt der Schülerlotse des Schülerlotsen Kelle, sodass die ankommenden Fahrzeuge langsamer fahren. Den Schülerlotsen erkennen die Fahrer gut an des Schülerlotsen leuchtenden Warnweste.

1 Schreibe den Text so auf, dass er besser zu lesen ist. Überlege, an welchen Stellen du ein Personal- bzw. Possessivpronomen an Stelle des Substantivs einsetzen oder das Substantiv stehen lassen willst.

_____

_____

_____

_____

_____

2 Schreibe in die Lücken passende Possessivpronomen ein.

Seit Langem haben sich die Schüler der 5c auf _____ diesjährige Fahrradtour vorbereitet. Morgen endlich starten wir _____ Fahrt. Deshalb putzt Lotta heute _____ Rad, Peter dreht an _____ Rad alle Muttern fest, Jette und Kim haben _____ Räder schon gestern in Ordnung gebracht. Max allerdings sitzt am Computer, bis ihn _____ Mutter fragt: „Hast du denn schon _____ Fahrrad in Ordnung gebracht, das Vorderrad hatte doch einen Platten?" Jetzt muss auch Max loslegen.

Wozu Verben gebraucht werden

Verben

Mit **Verben** kann man jemandem etwas erzählen, berichten oder beschreiben. Verben geben genau an, was geschieht und was einer tut:
*Max **ist** gestern ins Kino **gegangen**. Er **wartete** vor dem Kino auf Mia.
Doch Mia **ist** nicht **gekommen**.*

1 Füge in die Lücken des Textes jeweils ein passendes Verb in der Zeitform Präteritum ein. Jedes Verb darf nur einmal vorkommen. Streiche das eingesetzte Verb durch.

achten   nehmen   stoppen
beobachten   rauschen   wollen
fahren   sehen   zählen
machen   ~~stehen~~

An der Autobahn

Leon, Julian und Lilli (1) _standen_ auf einer Autobahnbrücke und (2) _____ auf den Autoverkehr hinab. Zuerst (3) _____ sie, wie viele Fahrzeuge unter der Brücke hindurch nach Süden (4) _____. Leon (5) _____ dabei auf die Autos, Julian auf die Motorräder und Lilli (6) _____ bei jedem Lkw einen Strich auf ihren Zettel. Eine Stunde später (7) _____ der Verkehr stark zu und die Fahrzeuge (8) _____ in hohem Tempo vorbei. Die drei (9) _____, wie sich ein Fahrer mit der Lichthupe auf der linken Spur freie Fahrt verschaffen (10) _____. Kurz vor der Brücke (11) _____ die Verkehrspolizei jedoch den Raser.

2 Lies den Text mit den Fantasieverben. Durch welche sinnvollen Verben kannst du die Fantasiewörter ersetzen? Schreibe jeweils ein passendes Verb im Präsens in die Lücken. Es beginnt immer mit denselben drei Buchstaben wie das Fantasieverb.

Mindestens vier Stunden am Tag (1) *verprennern* _____ die Affen mit Fressen.

Wenn einer von ihnen einen Baum mit Früchten (2) *entstinkt* _____,

(3) *schottelt* _____ er ganz laut und die anderen (4) *saufteln* _____ herbei.

Nun (5) *köngeln* _____ alle genügend (6) *futschern* _____. Bevor die

Tiere am Abend ihr Schlafnest (7) *baupsen* _____, (8) *fremmen* _____ sie

Blätter und frische Baumtriebe. Ihre absolute Lieblingsspeise (9) *beslint* _____

aus Termiten und Honig, aber die (10) *giburgt* _____ es nicht jeden Tag.

→ Verbformen üben

Verbformen im

Infinitiv:	Präteritum:	Perfekt:
befehlen	befahl	hat befohlen
stehlen		hat
greifen	griff	hat gegriffen
	pfiff	hat
finden		hat
	band	hat
ziehen	zog	hat gezogen
lügen		hat
streiten	stritt	hat gestritten
		hat geschnitten
gehen	ging	ist gegangen
fangen		hat
verlieren	verlor	hat verloren
frieren		hat
sinken	sank	ist gesunken
trinken		hat
reißen	riss	ist gerissen
		hat gebissen

1 Ergänze die fehlenden Verbformen. Die Reime können dir eine Hilfe sein.

Präteritum oder Perfekt in einen Text einsetzen

Zeitformen

Die drei gebräuchlichsten Zeitformen sind das Präsens, Perfekt und Präteritum:

Infinitiv	Präsens	Präteritum	Perfekt
fahren	ich fahre	ich fuhr	ich bin gefahren
bremsen	du bremst	er bremste	er hat gebremst
sein	da ist	da war	da ist gewesen
haben	ich habe	ich hatte	ich habe gehabt

Wer aus der Erinnerung etwas erzählt, der erzählt es meistens in einer der beiden Vergangenheitsformen: im Präteritum oder im Perfekt.

1 Schreibe den folgenden Text so auf, dass die Sätze in einer Vergangenheitsform stehen.
Du solltest hauptsächlich das Präteritum verwenden.
Manchmal passt aber das Perfekt besser.
Und vielleicht möchtest du ja sogar einmal das Präsens verwenden.

Autofahrt mit Hindernissen

Gestern _____ (fahren) ich mit meinen Eltern zum Badesee _____.

Wir _____ (rollen) mit dem Auto auf der Autobahn so dahin _____.

Plötzlich _____ (bremsen) meine Mutter _____.

Vor uns _____ (sein) ein Stau _____.

Wir _____ (anhalten) also _____.

Meine Mutter _____ (stöhnen) und mein Vater _____ (schimpfen).

Es _____ (gehen) nicht weiter _____.

Plötzlich _____ (kommen) ein Abschleppwagen _____.

Vor uns _____ (bleiben) wohl ein Auto liegen _____.

Nach anderthalb Stunden _____ (fahren) wir endlich weiter _____.

Es _____ (gehen) alles noch einmal gut _____.

Den ganzen Tag _____ (baden) wir am See _____.

→ Adjektive

> **Adjektive**
>
> **Adjektive** bezeichnen Eigenschaften von Lebewesen, Dingen und Sachverhalten genau:
> *leckere* Erdbeeren, *grüne* Äpfel, *große* Gläser.
> Alle Adjektive können **zwischen** einem **Artikel** und einem **Substantiv** stehen:
> *lecker* → die **leckeren** Erdbeeren, *grün* → die **grünen** Äpfel, *groß* → die **großen** Gläser.

Der Trauerfliegenschnäpper

Hast du schon einmal von einem Vogel mit dem (1) *seltsamen/dummen* Namen „Trauerfliegenschnäpper" gehört? Nun könnte man denken, dass dieser Vogel ein (2) *grausamer/trauriger* Geselle wäre. Aber ganz im Gegenteil: Der Trauerfliegenschnäpper ist ein immer (3) *fröhlicher/durstiger* Sänger. Das Wort *Trauer* in seinem Namen bezieht sich lediglich auf sein (4) *buntes/schwarzes* Federkleid. Das Männchen kann man deutlich an einem (5) *schwachen/weißen* Fleck auf den Flügeln und auf der Stirn erkennen. Das Weibchen hat dagegen kein solch (6) *auffälliges/verrücktes* Merkmal. Im April kehren die Trauerfliegenschnäpper aus dem (7) *fernen/nahen* Afrika in ihre Brutheimat zurück.
Hier bei uns beginnen die Trauerfliegenschnäpper sofort mit der Eroberung eines Nistkastens oder einer (8) *künstlichen/natürlichen* Baumhöhle. Es stört sie überhaupt nicht, wenn in diesem Nest bereits eine (9) *unbequeme/andere* Vogelfamilie wohnt. Weil sich die Nestbesitzer natürlich gegen die feindliche Eroberung wehren, ist der Angriff des Trauerfliegenschnäppers schon eine (10) *mutige/freundliche* Aktion. Er gelangt durch ein drei cm breites Flugloch in den Nistkasten. Er ist also ein sehr (11) *kleiner/dicker* Vogel. Trotzdem jagt er zum Beispiel die viel (12) *hungrigere/größere* Spechtmeise davon. Dann bezieht auch das Weibchen das (13) *fertige/unbequeme* Nest. Es überbaut das alte Gelege einfach mit (14) *riesigen/dünnen* Halmen und (15) *trockenen/löchrigen* Laubblättern. Manchmal nimmt sich das (16) *treue/lebenslustige* Männchen noch ein (17) *zweites/stolzes* Weibchen. Der Vogel ist ein (18) *schwieriger/liebevoller* Papa und beteiligt sich an der (19) *aufwändigen/überflüssigen* Fütterung des Nachwuchses.

1 Wenn du Genaueres darüber erfahren willst, wie der Trauerfliegenschnäpper aussieht und was er so treibt, dann musst du aus den beiden vorhandenen Adjektiven immer das passende herausfinden.
Markiere die passenden Adjektive gelb.

Adjektiv-Probe

Adjektiv-Probe

Die ...?... Plingplongs liegen auf dem Tisch.
Wenn ein Wort in diesen Beispielsatz hineinpasst, dann ist es ein Adjektiv; wenn nicht, dann ist es kein Adjektiv:

häufig: Die **häufigen** Plingplongs liegen auf dem Tisch.
→ Das Wort *häufig* ist ein Adjektiv.

oft: Die **oft** Plingplongs liegen auf dem Tisch.
→ Das Wort *oft* ist **kein** Adjektiv.

1 Welche der folgenden Wörter sind Adjektive? Markiere sie. Bist du unsicher, wende die Adjektiv-Probe an.

hart	dort	dünn	frisch	lila	fremd	sauer	drinnen
bergab	vielleicht	jetzt	sieben	hinauf	flott	mittags	bald
leider	selten	damals	nächste	morgen	perfekt	sonst	eisern

Steigerung von Adjektiven

Wenn Adjektive im **Positiv** (in der Grundstufe) stehen,
folgt das Vergleichswort **wie**: *so groß wie*.

Wenn Adjektive im **Komparativ** (in der Steigerungsstufe) stehen,
folgt das Vergleichswort **als**: *größer als*.

2 Setze die Vergleichswörter *wie* oder *als* im folgenden Text ein.

a) Peter hat heute genauso gut _____ Felix gespielt. b) Das höchste Gebäude der Welt in Dubai ist 300 Meter höher _____ das zweithöchste der Welt. c) Die Milch ist heute noch so lecker _____ gestern. d) Der blaue Pulli steht dir besser _____ der grüne. e) Fahr doch mit dem Bus. Er ist schneller _____ die Straßenbahn. f) Laura stöhnt: „Die zweite Mathearbeit war so schwer _____ die erste."

3 Bei welchen Adjektiven ist es möglich und sinnvoll, den Komparativ und den Superlativ zu bilden? Trage die verschiedenen Stufen in die Tabelle ein.

klug   schnell   weit
prima   täglich   lang
eckig   lustig   schriftlich

Positiv (Grundstufe)	Komparativ (Steigerungsstufe)	Superlativ (Höchststufe)

→ Präpositionen

Präpositionen

Präpositionen wie *an, auf, bei, durch, gegen, hinter, in, mit, nach, neben* usw. setzen zwei Dinge oder Sachverhalte, über die gesprochen wird, miteinander in Beziehung.
*Peter wartet **auf** dem Bahnsteig.*   *Maria geht **durch** die Bahnhofshalle.*
*Carl spricht **mit** dem Trainer.*   *Wir gewannen das Spiel **durch** Simons Tor.*

Präpositionen fordern von den folgenden Wörtern einen bestimmten Fall, meistens
den **Dativ**:   oder   den **Akkusativ**:
*Die Lampe hängt über **dem runden Tisch**.*   *Der Ball rollt unter **den runden Tisch**.*

1 Setze in die Lücken passende Präpositionen ein. Du findest eine Auswahl am Rand.

90-Jährige oder Kleinkind?

Helene Schulz bekam _____ ihrer Krankenkasse ein Schreiben. _____ seinem Anfang

stand: „Liebe Helene, du bist ja jetzt schon ein großes Mädchen, und da wird es Zeit _____

eine Vorsorgeuntersuchung, die _____ jedem Kleinkind gemacht wird." Helene Schulz, die

_____ Marne lebt, sah verwundert _____ den Brief. Das „große Mädchen" ist nämlich

schon _____ 90 Jahre alt! _____ ihrem eigentlichen Geburtsjahr 1920 und

dem angegebenen Jahr 2010 liegen genau diese 90 Jahre. Frau Schulz nahm es _____ Humor.

Die Krankenkasse musste _____ dieses Fehlers das Computerprogramm überarbeiten.

in
von
für
wegen
an
zwischen
mit
durch
über
bei
auf

2 Schreibe die *kursiv* gedruckten Wortgruppen richtig auf.

Ostsee
Gestern sind wir lange (1) *an die Steilküste* (2) *auf die Insel Rügen* gewandert.
Carl hat vor allem (3) *über der hohen Wellen* gestaunt. Sie prallten (4) *mit ihre ganze Kraft* (5) *auf der untere Teil* der Felsen. (6) *Nach dieses Erlebnis* (7) *auf die Spitze* der Steilküste sind wir dann (8) *mit ein Fischkutter* hinausgefahren. Der schaukelte ganz schön (9) *auf die hohen Wellen*! Wir werden uns (10) *an dieser Tag* noch lange erinnern.

1) an der Steilküste,

Dieselbe Präposition – zwei Fälle

Dieselbe Präposition – zwei Fälle

Nach manchen Präpositionen wie *an, auf, hinter, neben, in, über, unter, vor, zwischen* können die Nomen entweder im Dativ oder im Akkusativ stehen.

Dativ: *Der Computertisch steht vor dem Fenster.*
(WO steht der Computertisch?)

Akkusativ: *Ich stelle den Computertisch vor das Fenster.*
(WOHIN stelle ich den Computertisch?)

1 Setze die bestimmten Artikel im richtigen Fall ein. Bei den ersten sechs Beispielen sind die Fälle angegeben. Bei den anderen Beispielen musst du selbst entscheiden, welcher Fall gefordert ist.

Baustelle

Mein Vater arbeitet als Maurer auf *(Dativ)* _____ Baustelle.

Jeden Tag fährt er auf *(Akkusativ)* _____ Baustelle.

Zuerst geht er in *(Akkusativ)* _____ Bauwagen.

In *(Dativ)* _____ Bauwagen ziehen sich alle Maurer um.

Mein Vater klettert zu Beginn seiner Schicht auf *(Akkusativ)* _____ Baustellengerüst.

Auf *(Dativ)* _____ Baustellengerüst liegen schon seine Werkzeuge bereit.

Die Ziegel werden von einem Kollegen auf _____ Hebebühne gebracht.

Auf _____ Hebebühne werden die Ziegel dann nach oben transportiert.

Der Maurer, der neben _____ Vater arbeitet, nimmt die Ziegel von der Hebebühne.

Er stellt sie neben _____ Kalkeimer.

2 Ergänze in den folgenden Sätzen die passende Präposition und den Artikel im richtigen Fall.

a) Nick spricht mit Sarah _____ Ausflug am Wochenende.

b) Muna ist glücklicherweise erst _____ Ziellinie gestürzt.

c) Mehmet zeigt _____ Trampolin waghalsige Sprünge.

d) Mein Freund ist plötzlich ausgerutscht und rückwärts _____ Bach gefallen.

e) So schnell wie ein Wiesel klettert Carolin _____ Kirschbaum.

f) _____ Tafel steht der Text, den wir abschreiben sollen.

→ Zusammengesetzte Wörter

Zusammengesetzte Wörter

Wenn man zwei Nomen zusammensetzt, entsteht ein **zusammengesetztes Wort**:
Fuß + Ball → **Fußball**   *Frucht + Bonbon* → **Fruchtbonbon**

Das Wort, das am Ende einer Zusammensetzung steht, nennt man **Grundwort**. Es legt die Grundbedeutung des zusammengesetzten Wortes fest:
*Der Fuß**ball** ist ein **Ball**,
das Frucht**bonbon** ist ein **Bonbon**.*

Das Wort, das am Anfang einer Zusammensetzung steht, nennt man **Bestimmungswort**. Es bestimmt die Bedeutung des Grundwortes näher:
*Der **Fuß**ball ist ein Ball, der mit dem **Fuß** gespielt wird,
das **Frucht**bonbon schmeckt nach einer **Frucht**.*

M

1 Welche Begriffe verbergen sich hinter den acht Erklärungen?
In jedem Fall kommt ein zusammengesetztes Wort heraus.
Die Wortsammlung kann dir bei der Lösung helfen.

*Trauer Angst Wasser Hammel Holz
~~Stern~~ Streit Weide Hase Zwerg Säge
Mütze ~~Warte~~ Wolle Glas Pudel*

1) ein Gebäude, in dem man Sterne betrachten kann

Sternwarte
_____

2) ein Mensch, der sich oft mit anderen streitet

_____

3) ein Gerät, mit dem man Holz bearbeitet

_____

4) ein stets „trauernder" Baum

_____

5) ein Mensch, der sich wie ein Hase nichts traut

_____

6) eine Mütze, die vor Kälte schützt

_____

7) ein Hund, der sehr klein ist

_____

8) ein Glas, aus dem man Wasser trinkt

_____

2 Welches Substantiv passt als **Grundwort** zu den Wörtern einer Reihe?

a) Abenteuer, Märchen, Tier   **BAUM**
b) Nadel, Laub, Apfel   **FILM**

3 Welches Substantiv passt als **Bestimmungswort** zu den Wörtern einer Reihe?

a) **MUSIK**   Decke, Lampe, Tennis
b) **TISCH**   Schule, Film, Kassette

Schreibe die zusammengesetzten Wörter auf.

_____
_____
_____

Wörter mit Vorsilben (Präfixen) und Nachsilben (Suffixen)

Vorsilben (Präfixe) und Nachsilben (Suffixe)

Vorsilben (Präfixe) können **vorn** an ein Wort angefügt werden. Dieses Wort bekommt dann eine andere Bedeutung:
legen: anlegen, ablegen, umlegen, auflegen, belegen, verlegen, zerlegen.

Mit **Nachsilben (Suffixen)**, die an das **Ende** des Wortstammes angefügt werden, können neue Wörter gebildet werden. Die Nachsilben legen die **Wortart** des neuen Wortes fest:
sauber + -keit → die Sauberkeit   der Fehler + -haft → fehlerhaft

Die wichtigsten **Suffixe** für **Nomen** sind: **-heit, -keit, -ling, -nis, -ung, -schaft, -tum, -er**.
Die wichtigsten **Suffixe** für **Adjektive** sind: **-bar, -haft, -ig, -isch, -lich, -los, -sam**.

---

1 Füge den Verben passende Vorsilben an. Du kannst aus den Vorsilben rechts aussuchen. Jede Vorsilbe sollte nur einmal vorkommen.

Kannst du bitte mit deiner ständigen Meckerei _____hören? Mia hat vor Wut den Brief _____rissen.

Wir sollten Nina wirklich mehr _____trauen. Während des starken Sturms sind viele Bäume

_____geknickt. Maria hat das Gedicht ausdrucksstark _____getragen. Vater muss jetzt jeden Mor-

gen die Windschutzscheibe _____frosten. Julian hat das Gefühl, dass wir ihm bei allem, was er tut,

_____trauen. Wir haben gerade _____fahren, dass morgen die erste Stunde _____fällt.

er-
ver-
aus-
ent-
zer-
um-
auf-
miss-
vor-

2 Zu allen Verben einer Reihe passt immer dieselbe Vorsilbe.

a) _____ : brauchen, antworten, arbeiten, bieten, dienen, fallen, geben, halten, hungern

b) _____ : decken, falten, fliegen, führen, gehen, gleiten, halten, kommen, reißen, schärfen

c) _____ : stören, brechen, beißen, gehen, knittern, reiben, schlagen, schneiden, setzen

Nachsilben-Chaos

Leon stand auf dem Zehnmeterturm. (1) *Feigung* wäre jetzt das Letzte, dachte er. Und auch ein bisschen (2) *Eitelheit* war dabei. Aber das soll mir eine (3) *Warnkeit* sein, immer so anzugeben – und das noch vor der ganzen (4) *Manntum*. Leon ging (5) *langbar* und (6) *scheinsam* (7) *furchthaft* nach vorn. Er gab sich einen Ruck und sprang (8) *mutlich* in die Tiefe. Als er wieder auftauchte, sagte er sich: Na, wenigstens bin ich kein (9) *Feigchen* gewesen.

3 Schreibe die neun Wörter mit der richtigen Nachsilbe auf. Du kannst aus den Suffixen aus dem Kasten oben auswählen. Achte dabei auf die Groß- und Kleinschreibung der Wörter.

Wortfelder

1 Sechs Verben des folgenden Textes gehören dem Wortfeld *sprechen* an. Sie sind allerdings nicht sinnrichtig verwendet worden. Markiere sie. Schreibe die passenden Verben in der richtigen Form daneben auf. Wenn du sie nicht selbst findest, dann sieh in die Wörterliste. Dort stehen alle sechs gesuchten Verben drin.

antworten   flüstern   prahlen
babbeln   fragen   reden
berichten   informieren   sprechen
einwenden   labern   stammeln
entgegnen   petzen

1) In der Biologiestunde hat Fatima in einem Kurzvortrag über seltene Pflanzen gequatscht.
2) „Kannst du nicht etwas lauter brüllen? Ich verstehe dich so schlecht."
3) „Ich bin der Stärkste in der Klasse, mich besiegt keiner", jammerte Paul.
4) Ömer, Noah und Jan steckten ihre Köpfe zusammen und riefen leise miteinander.
5) „Bitte, plappere uns doch über die gestrige Schülerratssitzung!", forderte Herr Meyer Tim auf.
6) „Wenn jemand etwas dagegen zu sagen hat, dann sollte er es spätestens jetzt tun."

2 Hier sind die Wörter von vier Wortfeldern durcheinandergeraten. Ordne sie in die vorgegebenen Wortfelder ein. Für ein Wortfeld musst du die Überschrift selbst finden. **Achtung!** Zwei Wörter gehören in keins der vier Wortfelder. Streiche sie durch.

schuften   sich beschäftigen   sich plagen   beobachten   betrachten
gucken   lauschen   die Ohren spitzen   erklären   trödeln
vernehmen   horchen   zupacken   zugreifen   sich abmühen
blinzeln   schauen   schimpfen   blicken   erwähnen
ächzen   knabbern   wispern   zuhören   glotzen

hören: _____

arbeiten: _____

sprechen: _____

???: _____

Satzglieder – Umstellproben

Rettung in letzter Minute

Gestern Nachmittag war ich mit unserem Hund Mux auf dem zugefrorenen Stadtteich.
Mux ist ein schwarzer Labrador, und ich gehe oft mit ihm spazieren.
Ich wusste zwar, dass es gefährlich ist, aufs Eis zu gehen,

_____

ich achtete trotzdem nicht auf die Gefahr.

_____

Ich hörte das Eis auf einmal verdächtig knacken.

_____

Ich wollte noch schnell zurücklaufen.

_____

Ich brach aber plötzlich ein. (Ich fiel ins eiskalte Wasser.)

_____

Ich sah Mux am Rand des Eislochs stehen.

_____

Ich schrie da wie wahnsinnig um Hilfe.

_____

Ich schob meine Arme mit aller Kraft über das Eis.

_____

Ich konnte mich aber nicht festhalten.

_____

Da schnappte Mux nach meinem Jackenärmel.

_____

Er hat sich richtig darin verbissen.

_____

Er zerrte dann an dem Ärmel.

_____

Er zog mich schließlich mit aller Kraft aus dem Loch.

_____

Ich wurde so in letzter Minute gerettet.
Spaziergänger hatten in der Zwischenzeit schon die Polizei über Handy verständigt.
So kamen wir beide wieder heil nach Hause.

1 Viele der Sätze oben beginnen mit *ich* oder *er*. Stelle in jedem dieser Sätze ein anderes Satzglied an den Satzanfang. Dann wird der Text besser.

Adverbiale ermitteln

Adverbiale

Adverbiale sind Satzglieder, die aus einem oder aus mehreren Wörtern bestehen können. Man unterscheidet:
Adverbiale der Zeit (wann, wie lange, seit wann?): *jetzt, am frühen Abend ...*
Adverbiale des Ortes (wo, woher, wohin?): *hier, an dieser Stelle ...*
Adverbiale der Art und Weise (wie, womit?): *gern, mit viel Vergnügen ...*

Das Leben im Mittelalter

a) Im Mittelalter gab es zahlreiche Handwerker in den Städten.   *Zeit, Ort*

b) Sie hatten in ihren Werkstätten eine Menge zu tun.

c) Alle Gebrauchsgegenstände wurden mit der Hand hergestellt.

d) So gab es damals den Beruf des Nadlers.

e) Er fertigte auf geschickte Weise Nähnadeln.

f) Eine besondere Ausrüstung benötigten in jener Zeit die Ritter.

g) Diese wurde in speziellen Schmieden angefertigt.

h) Waffen- und Hufschmiede bearbeiteten auf ihren Ambossen das Eisen zu Rüstungen, Schwertern, Nägeln und Hufeisen.

i) Zahlreiche Berufe sind heute ausgestorben, weil man sie im Laufe der Zeit nicht mehr benötigte.

j) Aber auch viele Lebensgewohnheiten haben sich seit früher geändert.

k) Vor 700 Jahren gab es während des Tages drei Mahlzeiten, die täglich dieselben Nahrungsmittel enthielten.

l) Am Morgen wurde auf der Kochstelle eine einfache Suppe gekocht.

m) Einen Brei aus Hafer oder Bohnen gab es mittags, und am Abend gab es Brot und Käse.

n) Wenn man das etwas genauer mit den Angeboten vergleicht, die man heute in Geschäften findet, möchte wahrscheinlich keiner mehr gern im Mittelalter leben.

1 Schreibe am Rand der Sätze a) bis j) auf, um welche Arten von Adverbialen es sich bei den unterstrichenen Satzgliedern handelt.

2 Unterstreiche oder markiere in den Sätzen k) bis n) die Adverbiale. Es gibt immer mehrere in einem Satz! Schreibe die Arten der Adverbiale an den Rand.

Subjekt und Prädikat

Subjekt und Prädikat

Das **Subjekt** und das **Prädikat** sind die wichtigsten Satzglieder in einem Satz.

Das **Subjekt** steht normalerweise **am Anfang** des Satzes. Es kann aus einem Wort oder aus mehreren Wörtern bestehen: *Lotte – Das arme Mädchen*.

Das **Subjekt** sagt aus, **wer** etwas tut oder mit wem etwas geschieht. Deswegen kann es mit Fragen wie **wer?** oder **was?** ermittelt werden:
Lotte kränkelt. Sie sitzt. Das arme Mädchen langweilt sich.

Das **Prädikat** steht fast immer **an zweiter Stelle** des Satzes. Es kann aus einem Wort oder aus mehreren Wörtern bestehen:
kränkelt – langweilt sich – kann spielen.

Das **Prädikat** sagt aus, was **getan wird** oder **passiert**:
Lotte kränkelt. Sie sitzt. Das arme Mädchen langweilt sich.

---

1 Bis auf den letzten Satz bestehen die folgenden Sätze nur aus Subjekten und Prädikaten.
Unterstreiche oder markiere die Subjekte und Prädikate in verschiedenen Farben.

Verena ist erkrankt. *Verena ist seit einigen Tagen erkrankt.* _____

Sie langweilt sich. _____

Sie wartet. _____

Will niemand kommen? _____

Das arme Mädchen hustet. _____

Verena hat sich erkältet. _____

Es klopft. Die Tür geht auf! _____

Ihre Freundin Lotte kommt. _____

Lotte tritt ein. _____

Verena richtet sich auf. _____

Sie freut sich. _____

Lotte setzt sich. _____

Sie erzählt. _____

Verena hört zu. _____

„Du wirst sehen", sagt Lotte, „bald bist du wieder gesund!"

2 Erweitere nun die Sätze, damit die Geschichte etwas interessanter wird.

Das Dativ- und das Akkusativobjekt

Dativ- und Akkusativobjekt

Das Dativobjekt kann man mit der Frage **wem?** erfragen:
*Die Mutter gratuliert (wem?) **dem Kind** zum Geburtstag.*
Das Akkusativobjekt kann man mit den Fragen **wen?** oder **was?** erfragen:
*Die Lehrerin lobt (wen?) **den Schüler**. Sie liest (was?) **eine Geschichte** vor.*

Blaumeisen

Blaumeisen führen für einige Wochen *(was?)* ___ein anstrengendes Leben___. Nach dem Schlüpfen wollen die

Jungen sofort *(was?)* _____. Von Sonnenaufgang bis

Sonnenuntergang bringen die Eltern *(wem?)* _____

(was?) _____. Jedes Elternteil stopft

(wem?) _____ *(was?)* _____ in den

Schnabel. Unermüdlich versorgen sie *(wen?)* _____,

die *(wem?)* _____ keine Ruhe lassen.

Zum Füttern muss das Paar bis zu 1000-mal täglich *(was?)* _____ anfliegen.

ihr erstes Futter   *ein anstrengendes Leben*
den Eltern   *ihre Beute*   *dem kleinen Nachwuchs*
den Jungen   *das Nest*   *Würmer und Larven*
ihre lauten Schreihälse

1 Setze in den ersten Teil des Textes die fehlenden Objekte ein.

2 Setze im zweiten Teil die Begriffe **Dativ** oder **Akkusativ** ein.

Doch nach zwei bis drei Wochen verlassen die jungen Blaumeisen fast gleichzeitig

ihr Zuhause (_Akkusativ_). Aber sie fliegen ihren Eltern (_____)

nicht sofort für immer davon. Sie betteln den Altvögeln (_____)

noch ungefähr zwei Wochen lang weiteres Futter (_____) ab.

Danach steht den meisten jungen Blaumeisen (_____)

in der Regel ein kurzes Leben bevor. Die wenigsten Jungmeisen überleben

den Sommer (_____).

Sätze mit Subjekt und Objekten

Subjekt und Objekt

Das **Subjekt** in einem Satz sagt meistens aus, wer etwas tut:
Der Vater (wer?) *schenkt dem Sohn ein neues Fahrrad.*

Die **Objekte** sagen aus, auf wen sich das Tun richtet:
Der Vater schenkt (wem?) ***dem Sohn*** (wen oder was?) ***ein neues Fahrrad***.

1 Setze im folgenden Text für die Subjekte (**Wer?**) und für die Objekte (**Wem? Wen** oder **was**?) Wörter ein, die passen.

Glück gehabt!

<u>Ein Taschendieb</u>   hatte   <u>einem Mann</u>   <u>die Brieftasche</u>   gestohlen.
Wer?   hatte   **wem?**   **wen oder was?**   gestohlen.

_____

Wer? rannte **wem?** hinterher.

_____

Wer? konnte **wen oder was?** festhalten.

_____

Wer? benachrichtigte mit seinem Handy **wen oder was?**

_____

Wer? war schnell zur Stelle.

_____

Wer? nahm **wem? wen oder was?** wieder ab.

_____

Wer? wurde abgeführt.

2 Setze im folgenden Text für **Subjekt, Akkusativ-Objekt, Dativ-Objekt** folgende Wörter ein:
ein Taschendieb – dem Dieb – der Dieb – den Diebstahl – die Brieftasche – einem Mann – der Mann – der Mann – dem Mann – das Polizeirevier – die Polizei – schnelle Hilfe – seine Brieftasche – der Mann – der Bestohlene

Pech gehabt!

_____
Subjekt hatte Dativ-Objekt Akkusativ-Objekt gestohlen.

_____
Subjekt hatte Akkusativ-Objekt sofort bemerkt.

_____
Subjekt rannte Dativ-Objekt hinterher.

_____
Doch Subjekt war plötzlich verschwunden.

_____
Subjekt suchte Akkusativ-Objekt auf.

_____
Subjekt versprach Dativ-Objekt Akkusativ-Objekt.

_____
Doch leider bekam Subjekt Akkusativ-Objekt nicht wieder.

→ Das Attribut

Attribut

Substantive (Nomen) werden durch beigefügte Wörter **näher** bestimmt. Solche Beifügungen nennt man **Attribute**. Oft stehen sie **vor** dem Substantiv:
Die Rehe leben in Wäldern. → *Die **scheuen** Rehe leben in **dichten** Wäldern.*

Attribute können nur mit dem Satzglied, zu dem sie gehören, umgestellt werden:
→ *In dichten Wäldern leben die **scheuen** Rinder.*

M

1 Unterstreiche in dem folgenden Text alle Attribute. Es sind insgesamt 13.

Vergeblicher Badeausflug

Wir fuhren mit den Rädern in ein Freibad. Die Straße führte durch weite Feldfluren. Am Wegesrand blühte der rote Klatschmohn. Dort machten wir eine kurze Rast. Wir freuten uns schon auf das erfrischende Bad. Dort aber erlebten wir eine böse Überraschung. Am Eingangstor stand auf einem kleinen Zettel: „Aus technischen Gründen muss das Freibad heute geschlossen bleiben." Dann hatte Pia den rettenden Einfall: „Zwei Kilometer von hier ist ein kleiner Bach, der ist zwar nicht tief, aber dafür hat er kaltes Wasser." Also machten wir uns auf den Weg und hatten dort großen Spaß.

2 Füge in den folgenden Text diese neun Attribute passend ein.

dreitägige	*kenianischen*	*wirkliches*
achtfache	*ganzes*	*sechzig*
verpassten	*großen*	*lebenslangen*

Mit 84 Jahren zum Schulabschluss

In Kenia zeigt ein Bauer *wirkliches* Interesse an einem _____

Lernen. Vor _____ Jahren hatte er die Schule abbrechen müssen.

Das hat ihn sein _____ Leben geärgert. Den _____

Schulabschluss holte der 84-Jährige jetzt nach. Der _____ Vater legte

die _____ Prüfung für die Grundschule erfolgreich ab. Nun hat er noch

einen _____ Traum: Er will in der _____

Hauptstadt Nairobi Jura studieren.

→ Wörter nach dem Alphabet suchen

Du weißt: Die Wörter in einem Wörterbuch sind nach dem Alphabet geordnet. Wenn du nicht bei jedem Wort das ganze Buch durchblättern willst, musst du das Abc genau kennen, sonst dauert es eine Ewigkeit, bis du ein Wort gefunden hast. Eine einfache Übung, um dich besser in deinem Wörterbuch zurechtzufinden, ist die folgende:

> **A**
> **A:** (erster Buchstabe des Alphabets); von A bis Z – das A und O (das Wesentliche einer Sache; der Anfang und das Ende, von „Alpha" und „Omega", den Anfangs- und Endbuchstaben im griech. Alphabet)
> **AA:** *Abk. für* Auswärtiges Amt
> **Aal**, der; des Aal(e)s, die Aale; **aalglatt**; sich in der Sonne **aalen**
> **Aas**, das; des Aases, die Aase (Tierkadaver); **aasen** (mit Geld oder Sachen verschwenderisch umgehen)

1 Suche und schreibe zum Beispiel das erste Wort mit **A** auf. Da findest du zuerst den Buchstaben **A**, dann die Abkürzung **AA**. Das erste wirkliche Wort ist aber **Aal**. Schreibe also nur das erste richtige Wort auf!

das erste Wort mit M _____

das erste Wort mit H _____

das erste Wort mit B _____

das erste Wort mit T _____

das letzte Wort mit N _____

das erste Wort mit J _____

das erste Wort mit F _____

das letzte Wort mit M _____

das erste Wort mit G _____

das letzte Wort mit Z _____

2 Suche jetzt einmal irgendein Wort mit einem seltenen Buchstaben, das du hier aufschreibst.

ein Wort mit Qu _____

ein Wort mit Y _____

ein Wort mit J _____

ein Wort mit C _____

ein Wort mit X _____

ein Wort mit V _____

→ Wenn du ein Wort möglichst schnell finden möchtest

Die Wörter unten links findest du als Stichwörter am Anfang einer Spalte im Wörterbuch. Wenn du z. B. das Wort *Gespenst* suchst, dann findest du es herausgerückt oder auf andere Weise markiert.

> **Ge|spenst**, das: des Gespenst(e)s, die Gespenster; er sieht Gespenster; **gespenstig, gespenstisch**

Die Wörter unten rechts stehen nicht am Anfang einer Legende im Wörterbuch. Du findest sie unter den anderen Schlagwörtern einer Spalte aufgeführt. Wenn du z. B. das Wort *gespenstisch* suchst, dann findest du es unter dem verwandten Wort *Gespenst*.

> **Ge|spenst**, das: des Gespenst(e)s, die Gespenster; er sieht Gespenster; **gespenstig, gespenstisch**

1 Du kannst mit dir selbst oder mit anderen einen kleinen Wettkampf im schnellen Nachschlagen durchführen. Suche die folgenden Wörter in deinem Wörterbuch und schreibe die Seitenzahlen dahinter auf.

Gespenst _____	gespenstisch _____
Kiosk _____	kitzelig _____
Fratze _____	bruchrechnen _____
babbeln _____	Bastelei _____
Spaghetti _____	Wischiwaschi _____
bibbern _____	bewusstlos _____
Vormittag _____	kuschelig _____
Dogge _____	Geisterfahrer _____
Galopp _____	Frühstück _____
Korridor _____	Schienbein _____
Meerschweinchen _____	Papierkorb _____
watscheln _____	Goldmedaille _____
Shorts _____	vormittags _____
Makkaroni _____	Pferdefutter _____
kompliziert _____	Olympiade _____
Brombeere _____	brustschwimmen _____
Konfekt _____	Blinddarm _____
fies _____	Endspurt _____

Wenn du nicht sicher bist, wie ein Wort geschrieben wird

Dein Wörterbuch will dir vor allem bei der Rechtschreibung helfen.
Wenn du nicht sicher bist, wie ein Wort geschrieben wird, kannst du es nachschlagen.
Dafür musst du aber zuerst einmal unsicher sein!
Wer nämlich keinen Zweifel hat, der schlägt auch nicht nach.
Wir haben hier einmal einige Wörter abgedruckt, bei denen du Zweifel haben könntest.
(Wenn du sicher bist, wie ein Wort geschrieben wird, schlage es trotzdem nach. Das übt!)
Wenn du unsicher bist, musst du oft an zwei verschiedenen Stellen nachschlagen.

1 Schreibe die Wörter richtig auf.
Schreibe dazu, auf welcher Seite du sie gefunden hast.

Mit e oder mit ä?

die ?rmel _____

das ?lfenbein _____

der ?quator _____

Mit f oder mit v?

die ?itamine _____

der ?akir _____

das ?entil _____

Mit eu oder äu?

das ??ter _____

??ßerlich _____

der ??mel _____

Mit c, ch oder k?

der ??arakter _____

die ??assette _____

der ??aravan _____

Mit c oder k – oder geht beides?

die ?rem _____

der ?lown _____

der ?lub _____

Mit f oder ph – oder geht beides?

??antastisch _____

??otogra??ie _____

das ??antom _____

Mit ss oder mit ß?

die Fairne?? _____

die Litfa??säule _____

der Kolo?? _____

Mit s oder mit ß?

der Rei?brei _____

der Grie?brei _____

der Wei?heitszahn _____

→ Lernwörter mit e üben

Hier findest du 15 Wörter, die alle mit **e** geschrieben werden. Da man aber nicht deutlich hören kann, ob sie mit **e** oder **ä** geschrieben werden, kommen schon einmal Fehler vor. Deswegen lohnt es sich, sie zu üben. Und so kannst du das tun:

Schmerzen   fremd   Scherben
rempeln   Ende   endlich
Kerzen   sprengen   stempeln
Spende   stechen   verderben
anstrengen   Hemd   Konfekt

1 Ordnen nach dem Abc:

anstrengen

Ende

_____

_____

_____

_____

_____

_____

_____

_____

_____

_____

_____

_____

2 Reimpaare zusammenstellen:

anstrengen – sprengen

_____

_____

_____

_____

_____

_____

_____

3 Wörter nach der Zahl der Buchstaben ordnen:

4: Ende,

5:

6:

7:

8:

9:

4 Verwandte Wörter aufschreiben zu:

Ende: endlich,

Schmerzen: schmerzlich,

fremd: der Fremde,

→ Fremdwörter üben

Hier findest du 20 Fremdwörter, die in ihrer Schreibung nicht ganz einfach sind. So kannst du sie üben:

Makkaroni   Chor   Diskus   Rouladen   Kakao
Mathematik Tennis   Gitarre   Lineal   Keyboard
Omelett   Klavier   Pudding   Zirkel   Athlet
Etui   Volleyball Orchester Diktat   Hockey

1 Stelle die Wörter zu Wortfeldern zusammen. Sie haben alle mit den folgenden Gebieten zu tun. Von jeder Sorte gibt es fünf:

Essen, Trinken: **Sport:**   **Musik:**   **Schule:**

_____   _____   _____   _____

_____   _____   _____   _____

_____   _____   _____   _____

_____   _____   _____   _____

_____   _____   _____   _____

2 Schreibe die kürzesten dieser Wörter auf – und die längsten. Dazu musst du aber die Buchstaben genau zählen! Schreibe die Anzahl der Buchstaben hinter die Wörter:

Wörter mit 4, 5, 6 Buchstaben: _____

Wörter mit 9 und mehr Buchstaben: _____

3 Schreibe die Wörter auf, die bestimmte Merkmale besitzen:

Doppelkonsonanten: *Makkaroni,* _____

Besondere Vokale (**ey**, **ou**, **y**, **ao**, **oa**): _____

Besondere Konsonanten (**th**, **ch**): _____

→ Häufige Fehlerwörter üben

Hier findest du 20 Wörter, die sehr oft falsch geschrieben werden. Es lohnt sich, sie zu üben. Und so kannst du das tun:

abends *nämlich* *ärgern* *Fahrrad* *passiert*
Spaß *verrückt* *vielleicht* *bloß* *ziemlich*
Idee *endlich* *bisschen* *kam* *eigentlich*
enttäuscht *kaputt* *interessant* *plötzlich* *meistens*

1 Schreibe zu einigen Wörtern verwandte Wörter auf:

Spaß: _____

ärgern: _____

endlich: _____

interessant: _____

2 Schreibe sie von *abends* bis *ziemlich* nach dem Alphabet geordnet auf.

_____

_____

_____

_____

3 Fünf Wörter bestehen aus zwei Silben, von denen die erste mit einem Konsonanten aufhört und die zweite mit demselben Konsonanten anfängt. Schreibe sie mit Silbentrennungsstrich auf:

ver-rückt, _____

_____

4 Schreibe die fünf Wörter mit **ss** und **ß** auf:

5 Schreibe die fünf Wörter mit der Nachsilbe **-lich** auf:

→ Aus einem Sachtext Informationen entnehmen

Wer ein Tier zu Hause halten möchte, kann aus Tierratgebern wichtige Informationen erhalten.

1 Lies den folgenden Text, der bereits in Abschnitte unterteilt ist. Der Text stammt aus einem Ratgeber über die Haltung von Meerschweinchen.

Die meisten Käfige, die in Supermärkten oder Zoofachhandlungen verkauft werden, sind zu klein. Wenn man einen Käfig selbst bauen möchte, dann muss
5 dabei auf einen Futterplatz, ein Klo, eine Ruhestelle und ein Häuschen als Rückzugsmöglichkeit geachtet werden. Viel Platz zum Toben brauchen Meerschweinchen auch.

10 Meerschweinchen sind sehr empfindlich. Bei falscher Ernährung, Zugluft oder mangelnder Pflege werden sie schnell krank und ihr Fell wird stumpf. Wichtig ist neben der Fellpflege das regelmäßige
15 Schneiden der Krallen. Dafür gibt es spezielle Zangen im Fachhandel, die einer Krankheit an den Krallen vorbeugen.

Meerschweinchen sind sehr gesellige Tiere. Sie leben nicht gern allein. Ihre
20 natürlichen Verhaltensweisen können sie nur gemeinsam ausleben. Egal, wie liebevoll sie gepflegt werden, ein Mensch kann ihnen nicht einen tierischen Partner ersetzen.

25 Meerschweinchen brauchen täglich mindestens eine Stunde Auslauf in der Wohnung. Es macht Spaß, ihnen dabei zuzusehen, aber sie sind sehr schnell und neugierig. Deshalb sollte man in der
30 Wohnung Kabel und giftige Zimmerpflanzen vor ihnen sichern. Sonst kann ein Auslauf lebensgefährlich werden.

Als Futter sind Salat, Möhren und Äpfel bei Meerschweinchen sehr beliebt.
35 Auch Gemüse, Körner und Brot darf man ihnen geben. In Tierfachgeschäften gibt es Pressfutter zu kaufen. Wichtig ist immer, dass das Futter trocken im Käfig liegt. Es darf nicht durch Trink-
40 wasser nass oder durch Kot und Urin verschmutzt werden. Diese Futterregeln sind für die Gesundheit der Tiere unbedingt zu beachten.

Meerschweinchen vermehren sich sehr
45 schnell. Ein Weibchen ist alle 16 bis 18 Tage paarungsbereit. Nach einer Tragzeit von 67 bis 69 Tagen bekommt das Weibchen ein bis sechs Junge. Nur einen halben Tag nach der Geburt kann es wie-
50 der trächtig werden.

Geselligkeit   Käfig   Auslauf   Pflege   Vermehrung

2 Suche aus diesen Möglichkeiten die passende Überschrift zu jedem Abschnitt. Für einen Abschnitt musst du eine eigene Überschrift finden.

→ Sachtexte ordnen

Gewusst wie: Arbeitstechniken

A	1	Meerschweinchen werden bei uns in Europa häufig als Haustiere gehalten, doch ihre Heimat ist eigentlich Südamerika.
	2	Meerschweinchen gehören zu den beliebtesten Haustieren, denn sie sind sehr zutraulich.
	3	In diesem Teil der Erde gehören sie zu den ältesten Haustieren, die von den Wildmeerschweinchen abstammen.
	4	Wer sich deshalb auch ein Meerschweinchen halten möchte, sollte viel über ihre Pflege und Ernährung wissen.
	5	Bereits bei den Inkas, den Ureinwohnern Südamerikas, lebten Meerschweinchen als Haustiere.
	6	Das ist ganz wichtig, weil die Hauptursache für die meisten Krankheiten falsche Ernährung und schlechte Haltung der Meerschweinchen ist.
	7	Sie waren aber nicht als Spielfreunde für die Kinder gedacht, sondern als Bereicherung für den Speiseplan einer Familie.
	8	Nach Europa kamen sie erst später, nämlich im 16. Jahrhundert durch spanische Seefahrer.
	9	Spezielle Fachbücher, die man auch in Bibliotheken ausleihen kann, geben von A bis Z über Meerschweinchen genauestens Auskunft.
	10	Auch wenn man viel über Meerschweinchen gelesen hat, ist es für unerfahrene Tierhalter oft schwer, ihre Krankheiten zu erkennen und richtig zu deuten.
	11	Hier wurden die Meerschweinchen immer beliebter, denn die Haltung im Haus war einfach.
	12	Deshalb ist es wichtig, die Tiere genau zu beobachten und sie bei Veränderungen zu einem Tierarzt zu bringen.
	13	In Deutschland gehören heute die Meerschweinchen zu den am häufigsten in Zoohandlungen gekauften Tieren.
	14	Hier kann den kleinen Freunden fachmännisch geholfen werden, und die Freude am Haustier bleibt erhalten.

1 Hier sind zwei Texte über Meerschweinchen durcheinandergeraten.
Entwirre beide Texte. Schreibe dazu **A** oder **B** links neben die Sätze.
Finde für jeden Text eine passende Überschrift.

Text A _____

Text B _____

Quellen

Texte

Seite 4–5: In Leipzig und Dresden – die weltgrößten 360-Grad-Panoramen. Nach folgenden Internetquellen zusammengestellt: http://de.wikipedia.org/wiki/Yadegar_Asisi (am 22.9.2010), http://www.asisi.de/de/Panometer/8848Everest (am 27.12.2010), http://www.leipzig-info.net/events/romcccxii/ (am 22.9.2010), http://www.asisi.de/de/Panometer/Amazonien/Panoramaprojekt/ (am 22.9.2010), http://www.alt-connewitz.de/panometer_leipzig.html (am 27.12.2010) und http://www.asisi.de/de/Panometer/Dresden/ (am 22.9.2010)

Seite 7: Der Basilisk in Torgau. Nach: ftp://ftp.gwdg.de/pub/misc/Gutenberg-DE/gutenberg.spiegel.de/sagen/sachsen/basil.htm (am 13.11.2010)

Seite 9: Der große Topf zu Penig (leicht verändert). Aus: Das eingemauerte Burgfräulein. Aus dem Sagenschatz von Chemnitz und Umgebung. Teil I. Mironde-Verlag, Rabenstein 2006

Seite 11: Text zur Entstehung der Sage „Der große Topf zu Penig". Nach: http://www.rochlitzermuldental.de/region-entdecken/lebendige-geschichte/item/101-der-„große-topf-zu-penig" (am 11.12.2010)

Seite 14–15: Die sieben Trappen. Originalbeitrag nach: Christa Hinze, Ulf Diederichs: Sagen aus Niedersachsen. München 1977

Seite 26: Erich Kästner: Am 31. Februar. Aus: Hans Domenego (Hg.): Das Buch vom Winter. Jugend und Volk, Wien 1984

Seite 27: Josef Guggenmos: Der Mann im Schnee. Aus: Überall und neben dir. Gedichte für Kinder. Hg. von Hans-Joachim Gelberg. © 1986, 1994 Beltz Verlag, Weinheim und Basel. Programm Beltz & Gelberg, Weinheim und Basel

Seite 28–29: Elisabeth Stiemert: Von dem Jungen, vor dem alle Angst hatten. Aus: Die Sammelsuse. Hg. von Elisabeth Stiemert. © Gerstenberg Verlag, Hildesheim 1984

Seite 30: Brüder Grimm: Die Sterntaler. Aus: Grimms Märchen. 6. Auflage. Anton & Co. Verlag, Leipzig 1935

Seite 31: Brüder Grimm: Der süße Brei. Aus: Die Kinder- und Hausmärchen der Brüder Grimm. Der Kinderbuchverlag, Berlin 1963

Seite 31: Das grüne Licht. Nach: www.ika.com.maerchen/sk (am 29.02.2004)

Seite 32: Brüder Grimm: Die Wassernix. Nach: Die älteste Märchensammlung der Brüder Grimm. Hg. von Heinz Rölleke. Cologny-Geneve 1975

Seite 33: Brüder Grimm: Die Wichtelmänner. Aus: Die schönsten Märchen der Brüder Grimm. Bearbeitet von Renate Lüpke und Waltraud Villaret. © Bertelsmann Reinhard Mohn OHG, Gütersloh

Seite 34: Brüder Grimm: Prinzessin Mäusehaut. Aus: Kinder- und Hausmärchen der Brüder Grimm. Vollständige Ausgabe in der Urfassung. Hg. von Friedrich Panzer. Vollmer Verlag, Wiesbaden

Bilder

Seite 4: Asisi Panometer Leipzig und Dresden
Seite 7: alamyimages
Seite 8: ullsteinbild
Seite 11: Stadt Penig
Seite 12: picture-alliance, Frankfurt am Main (Friedel Gierth)
Seite 14: Wikimedia Deutschland e.V., Berlin (Grombo)
Seite 21: links: BVB Merchandising/Sportfive GmbH, Dortmund;
rechts: VfL Wolfsburg-Fußball GmbH, Wolfsburg
Seite 36: Karl Juhnke, Braunschweig
Seite 38: vier Screenshots der Städtischen Bibliotheken Dresden (am 17.05.2011)